N° 1

18

TABLE PERPÉTUELLE

DES

TEXTES LÉGISLATIFS

PAR

E. LEFRANÇOIS

Docteur en Droit
Avocat à la Cour d'Appel de Grenoble

*Publication trimestrielle de mise au courant paraissant
en janvier, avril, juillet et octobre*

PAR

E. SCHAFFHAUSER

Avocat, Docteur en Droit
Directeur des « Lois Nouvelles »

Avec la Collaboration de **H. CHEVRESSON**, Avocat à la Cour d'Appel de Paris

---

AVIS IMPORTANT

A partir du 1er avril 1903, la TABLE PERPÉTUELLE comprendra, sous chaque mot important, l'indication de tous les ouvrages parus depuis 1880 sur la matière faisant l'objet de ce mot. Cette bibliographie sera tenue au courant, comme la législation, par l'envoi de fiches nouvelles au fur et à mesure de la publication d'ouvrages nouveaux.

Nos abonnés connaîtront ainsi, sur chaque question, la liste de tous les ouvrages publiés depuis 1880.

Toute la bibliographie, à partir de 1880, sera envoyée avec le service d'avril prochain.

Le prix de la Table et de l'abonnement de mise au courant ne sera pas augmenté pour les abonnés actuels, ainsi que pour tous les souscripteurs qui nous feront parvenir leur adhésion jusqu'au 1er avril 1903.

Plusieurs de nos abonnés nous ayant manifesté le désir de recevoir un second relieur pour la Table, nous nous empressons de les informer que le prix d'un relieur est de 2 francs pris dans nos bureaux, et de 3 francs expédié franco.

Le service de fiches de janvier 1903 comprend la législation depuis octobre 1902, il s'arrête au n° des *Lois Nouvelles* du 15 décembre 1902 inclus et aux *Cahiers* (inclus) *du Sirey* n° 10 de 1902, du *Dalloz* n° 20 de 1902, des *Pandectes françaises* n° 11 de 1902 et au 1er semestre 1902 de la *Gazette du Palais*.

Voir ci-contre la liste des fiches envoyées.

PARIS

AUX BUREAUX DES LOIS NOUVELLES

31 *bis*, Rue du Faubourg-Montmartre, 31 *bis*

1903

...S, 31 *bis*, rue du Faubourg-Montmartre, **PARIS**

LES LOIS NOUVELLES

REVUE DE LÉGISLATION ET DE JURISPRUDENCE

ÉMILE SCHAFFHAUSER

AVOCAT, DOCTEUR EN DROIT, RÉDACTEUR EN CHEF

H. CHEVRESSON, Secrétaire de la Rédaction

ABONNEMENT ANNUEL : PARIS ET DÉPARTEMENTS, **15 fr.** — ÉTRANGER, **18 fr.**

Tout souscripteur à la « Table perpétuelle » a le plus grand intérêt à souscrire également un abonnement aux « Lois Nouvelles ». En effet ce recueil publie les commentaires et le texte des lois et décrets dès leur promulgation, ce que *sa périodicité très rapprochée lui permet de faire aisément*, à la différence des autres recueils, dans lesquels les textes paraissent tardivement. D'autre part, il suffit de se reporter à la *Table perpétuelle* pour se rendre compte que *tous les textes sont publiés dans les « Lois Nouvelles »*, tandis qu'ils sont l'objet d'une sélection dans les autres recueils. Enfin, la « Table perpétuelle » *renvoie à tous les commentaires des lois* publiés dans la revue des *Lois Nouvelles*.

Les LOIS NOUVELLES sont absolument indispensables à toute personne qui désire être tenue au courant de l'évolution législative.

Les **Lois Nouvelles** comprennent quatre parties formant des fascicules séparés, ayant chacun une pagination spéciale qui permet de les réunir à la fin de l'année.

Les *Lois Nouvelles* paraissent le **1er** et le **15** de chaque mois. Chaque numéro comprend **soixante-quatre pages.**

La **1re partie**, intitulée **Revue de Législation**, comprend le commentaire de toutes les lois nouvelles présentant un intérêt général. Toute loi importante **est commentée deux fois.** Un premier commentaire paraît **dès la promulgation de la loi**, un second est publié aussitôt que la jurisprudence et la doctrine se sont fixées sur son application.

La **2e partie**, intitulée **Revue des Travaux législatifs**, comprend l'étude des travaux parlementaires. Tout projet de loi important est analysé et apprécié en un article spécial. Enfin, le 15 de chaque mois, paraît **un tableau**, comprenant, par ordre alphabétique, l'indication des travaux parlementaires effectués dans les deux Chambres pendant le **mois précédent.**

La **3e partie**, intitulée **Lois et Décrets**, renferme non seulement tous les textes d'intérêt général, mais encore les circulaires ministérielles relatives à leur application, et se trouve être ainsi **le supplément le plus complet de tous les Codes.**

Les textes paraissent toujours **dans la quinzaine de leur promulgation.** Ils sont annotés quand leur importance le comporte.

La **4e partie**, intitulée **Revue de Jurisprudence**, publie des études de jurisprudence sur toutes les lois nouvelles.

La collection des *Lois Nouvelles* comprenant les années 1891-1902 au prix de **80 francs**, avec la table générale des matières de l'origine à l'année 1900 inclus.

Le paiement a lieu au gré du souscripteur. Il est fait un escompte de 10 0/0 au cas de paiement comptant.

L'envoi a lieu franco, expédition et recouvrement.

V. à la page suivante la liste des fiches comprises dans ce service. — **V.** également un avis important.

C. 10 août 1901.

L. N. 1902-3-15.
Prix de la journée dans les établissements hospitaliers.

D. 4 décembre 1901.

L. N. 1902-3-1. — *J. off.* du 14 décembre 1901.
Prorog. au 31 décembre 1904 le tarif établi par la caisse nationale d'assurances en cas d'accidents, annexé au D. 14 août 1900.

L. 22 mars 1902.

L. N. 1902-3-121. — D. P. 1902-4-33. — S. 1902-305. — P. F. 1902-3-65. — *J. off.* du 27.
Modif. divers articles de la L. 9 avril 1898.

D. 23 mars 1902.

L. N. 1902-3-124. — D. P. 1902-4-39. — S. 1902-312. — P. F. 1902-3-69. — *J. off.* du 27.
Rel. à l'exécut. des art. 11 et 12, L. 9 avril 1898, modif. par la L. 22 mars 1902 (déclarat. d'accidents).

C. 23 mars 1902.

L. N. 1902-3-125. — D. P. 1902-4-40. — P. F. 1902-3-105. — *J. off.* du 27.
Du min. Comm., sur l'applic. des art. 11 et 12 ci-dessus.

D. 10 mai 1902.

P. F. 1902-3-152. — *J. off.* du 13.
Du min. Comm., modif. l'arrêté 1er mars 1899 (organisat. du Comité consultat. des assur. contre les accid. du trav.)

AGRICULTURE 3

V. aussi Mérite agricole. — Warrants.

D. 27 août 1902.

L. N. 1902-3-347. — *J. off*. du 4 septembre.
Rel. à l'organisation des enquêtes agricoles.

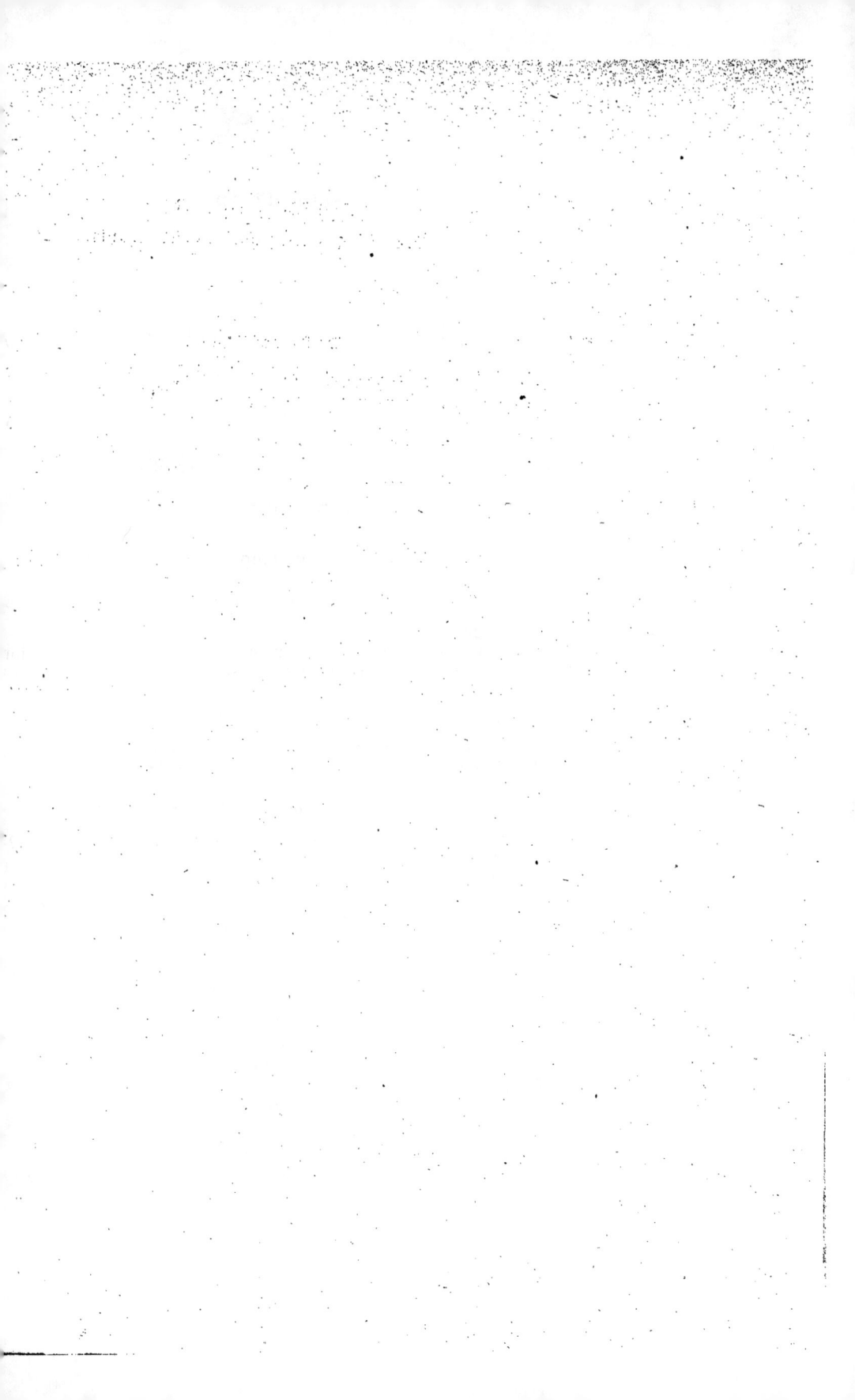

D. 29 mars 1902.

L. N. 1902-3-129. — D. P. 1902-4-80. — P. F. 1902-3-105. — *J. off* du 31.

Organ. les trib. répressifs indigènes en Algérie.

D. 31 mars 1902.

L. N. 1902-3-159. — P. F. 1902-3-143. — *J. off*. du 3 avril.

Créant, en Algérie, et réglem. des Chambres d'agriculture.

L. 7 avril 1902.

D. P. 1902-4-93. — *J. off*. du 9.

Autor. l'Algérie à contracter un emprunt de 50 millions de fr.

D. 16 avril 1902.

P. F. 1902-3-107. — *J. off*. du 21.

Soumettant les indigènes nommés ou promus dans la Légion d'honneur à toutes les conditions imposées aux citoyens français par les statuts.

D. 12 mai 1902.

L. N. 1902-3-213. — P. F. 1902-3-152. — *J. off*. du 14.

Portant modific. à l'assiette de l'impôt des licences en Algérie.

D. 28 mai 1902.

L. N. 1902-3-215. — D. P. 1902-4-89. — S. 1902-380. — G. P. 1902-1-864. — *J. off*. du 30.

Organ. les trib. répressifs indigènes en Algérie (modif. l'art. 1er, D. 20 mars 1902).

2ᵉ D. 28 mai 1902.

L. N. 1902-3-237. — *J. off*. du 3 juin.

Portant règlement de la circulation des automobiles en Algérie.

D. 17 juin 1902.

L. N. 1902-3-245. — P. F. 1902-3-176. — *J. off*. du 21.

Réglem. d'admin. publ., en exécut. de l'art. 4, L. 19 déc. 1900, sur la répartition entre l'Algérie et la métropole de la charge des pensions des fonctionnaires et agents coloniaux.

D. 29 juillet 1902.

L. N. 1902-3-330. — P. F. 1902-3-184. — *J. off*. du 24 août.

Rel. à l'imposition des vins de liqueurs en Algérie.

D. 14 août 1902.

L. N. 1902-3-334. — *J. off.* du 23.
Portant réorganisat. du service des travaux publics de l'Algéri

D. 20 août 1902.

L. N. 1902-3-330. — P. F. 1902-3-189. — *J. off.* du 24 août.
Rel. à l'imposition des vins de liqueurs à l'octroi de mer e
Algérie.

D. 21 août 1902.

L. N. 1902-3-331. — P. F. 1902-3-189. — *J. off.* du 24 août.
Rel. à la perception en Algérie des droits de consommation e
d'octroi de mer sur les vins de liqueurs.

D. 8 novembre 1902 (3 textes).

L. N. 1902-3-412. — *J. off.* du 27.
1° Imposition des alcools dénaturés en Algérie (modif. le 2° l
7 août 1900).
2° Supprim. la taxe d'octroi de mer perçu en Algérie sur le
alcools dénaturés.
3° Rel. à l'imposition de l'alcool en Algérie.

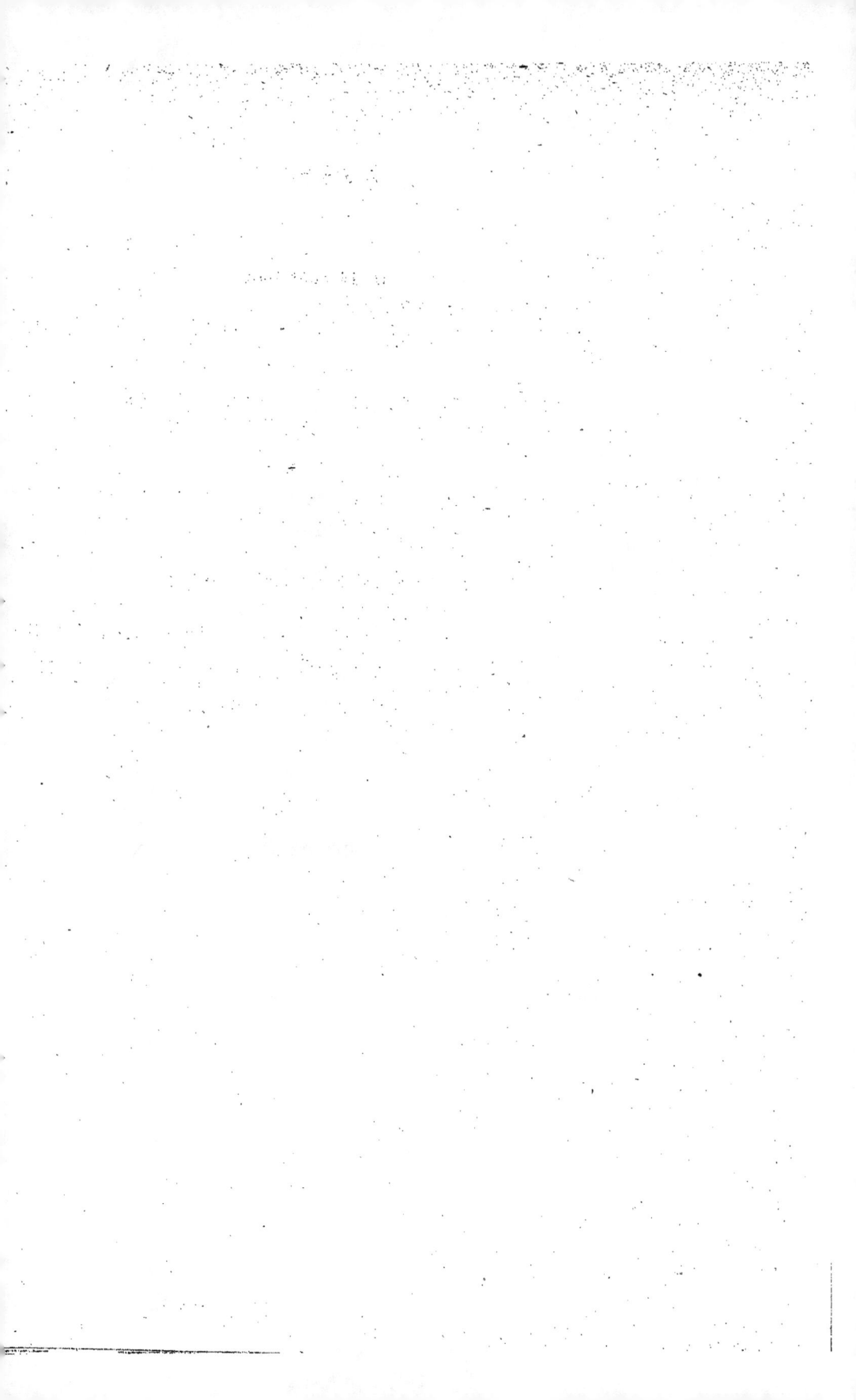

L. 6 mars 1902.

P. F. 1902-3-95. — *J. off*. du 9.
Modif. la liste jointe au D. 4 juillet 1890, portant réglem. d'admin. pub. pour l'exécut. de la L. 18 mars 1889 rel. au rengagem. des sous-off.

L. 7 mars 1902.

D. P. 1902-4-91. — *J. off*. du 9.
Régl. la situat. des contrôleurs d'armes.

L. 11 mars 1902.

L. N. 1902-3-115. — D. P. 1902-4-91. — P. F. 1902-3-31. — G. P. 1902-1-862. — *J. off*. du 15 mars.
Modif. le parag. 2 du 3ᵉ alinéa de l'art. 23, L. 15 février 1889 (suppr. les mots d'*Aix*, d'*Angers* et de *Châlons*).

L. fin. 30 mars 1902.

L. N. 1902-3-130. — D. P. 1902-4-60. — S. 1902-415. — P. F. 1902-3-70. — *J. off*. du 30. — V. Commentaire *Lois nouv*. 1902-1-229.
Art. 65 : Constit. des corps de troupes sahariens.

L. 7 avril 1902.

L. N. 1902-3-175. — D. P. 1902-4-88. — *J. off*. du 11.
Dispens. les sapeurs-pompiers des périodes d'exercices militaires de l'armée territoriale.

L. 7 avril 1902.

D. P. 1902-4-88. — *J. off*. du 10.
Réglem. la situation du personnel des chefs de musique de l'armée.

D. 3 juin 1902.

P. F. 1902-3-182. — *J. off*. du 10.
Portant réorganisat. du service de la télégraphie militaire.

C. 10 mars 1902.

L. N. 1902-3-248.
Congrégat. rel. ; applicat. de la L. 1ᵉʳ juillet 1901 ; demandes
d'autorisation ; renseignem. demandés par les parquets ; avis de
s'adresser aux préfets.

C. 20 juin 1902.

L. N. 1902-3-330.
Liquidat. des biens des congrégations ; frais de justice ; recouvrement ; greffiers ; états de liquidation.

C. 10 juillet 1902.

L. N. 1902-3-195.
Congrégat. non autor. ; frais de justice ; avances aux liquidateurs.

D. 28 novembre 1902.

L. N. 1902-3-411. — *J. off*. du 29.
Modif. le D. 16 août 1901, portant réglem. d'admin. pub. pr. l'exécut. de la L. 1ᵉʳ juillet 1901.

L. 4 décembre 1902.

L. N. 1902-3-411. — *J. off*. du 5. — V. Commentaire *Lois nouv.*
1903-1-1.
Tendant à réprimer le fait d'ouverture ou de tenue sans autorisat.
d'un établissem. congréganiste.

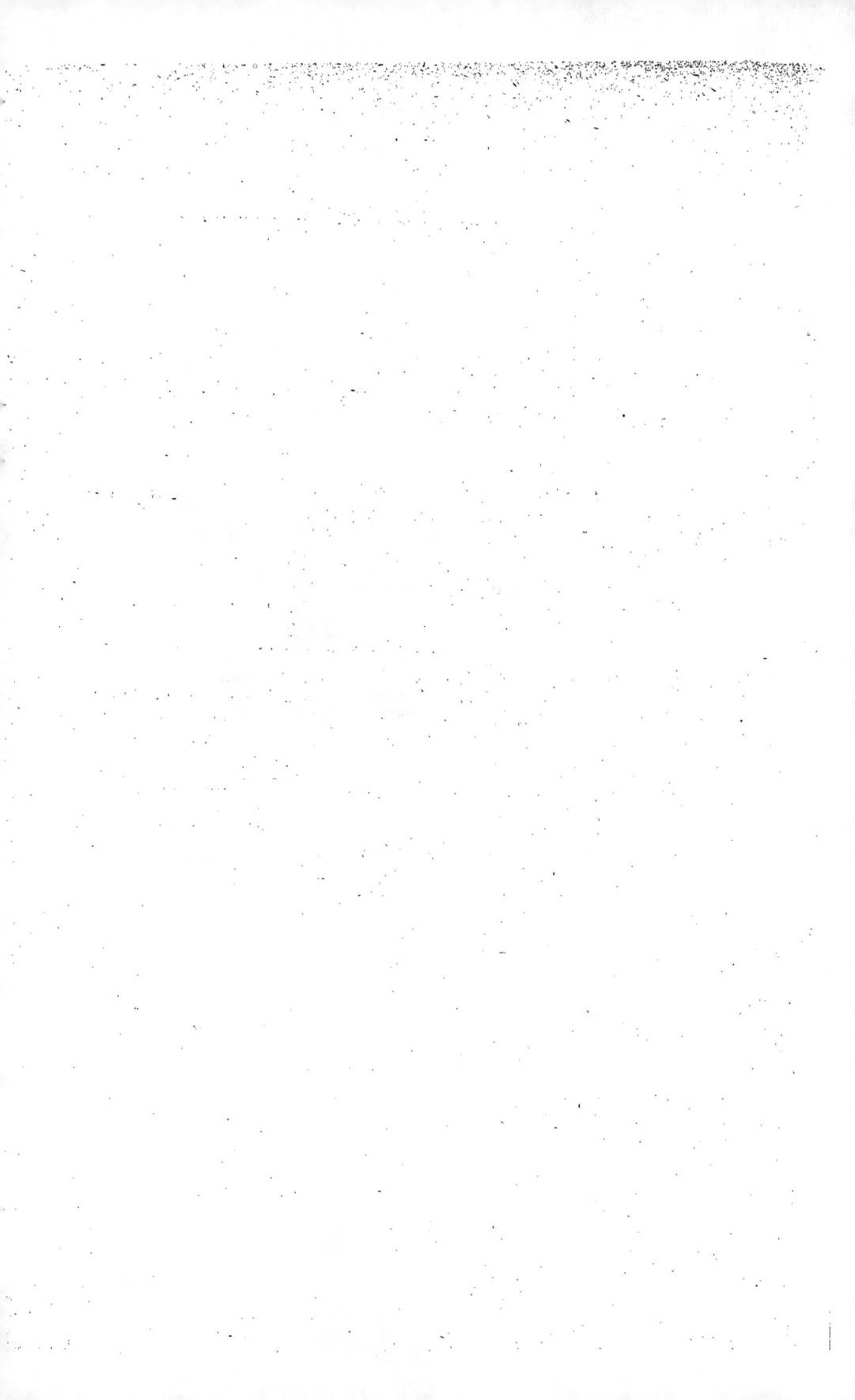

ASSURANCE 2

L. 4 juillet 1900.

L. N. 1900-3-245. — D. P. 1900-4-82. — S. 1901-110. — P. F. 190 3-65. — *J. off.* du 9 juillet 1901. — V. Commentaire *Lois nouv.* 190 1-430.

Relative à la Constitution des Sociétés ou caisses d'assuranc mutuelles agricoles.

D. 10 juillet 1901.

L. N. 1901-3-188. — S. 1902-327. — P. F. 1902-3-192. — G. P. 190 2-745. — *J. off.* du 14 juillet 1901.

Modif. le D. 22 janvier 1888 portant réglem. d'admin. pr. constit. des Sociétés d'assurances.

L. 2 janvier 1902.

L. N. 1902-3-14. — D. P. 1902-4-26. — S. 1902-320. — P. F. 1902- 191. — G. P. 1902-1-857. — *J. off.* du 3 janvier. — V. Commentai *Lois nouv.* 1902-1-262.

Rel. à la compétence en matière d'assurances.

A. 11 septembre 1901.

L. N. 1901-3-242. — D. P. 1902-4-24. — S. 1901-239. — P. F. 1902-3-10. — G. P. 1901-2-749. — *J. off.* du 13.
Réglementant la circulation des automobiles.

C. 11 septembre 1901.

L. N. 1901-3-242. — D. P. 1902-4-24. — S. 1901-239. — P. F. 1902-3-10. — G. P. 1901-2-749. — *J. off.* du 13.
Du min. des trav. pub. — Applic. du D. 10 sept. 1901.

A. 12 décembre 1901.

L. N. 1902-3-3. — P. F. 1902-3-90. — *J. off.* du 13.
Modif. l'art. 2 de l'arrêté du 11 sept. 1901 (réglem. les dimensions des plaques indicatrices des automobiles).

C. 16 décembre 1901.

L. N. 1902-3-8. — P. F. 1902-3-13. — *J. off.* du 18.
Sur l'applic. des D. 10 mars 1899 et 10 septembre 1901 (automobiles mis en circulat. par les constructeurs à titre d'essai).

C. 15 mai 1902.

L. N. 1902-3-214. — P. F. 1902-3-160. — *J. off.* du 16.
Du min. des trav. publ. aux préfets. — Procédure pour l'applic. du D. 10 mars 1899, art. 8 (réglem. la circulation des auto.).

C. 6 septembre 1902.

L. N. 1902-3-382.
Du min. int. — Circulation des automobiles ; pouvoirs de réglementation des maires. Avis du Conseil d'Etat annexé (18 mars 1902).

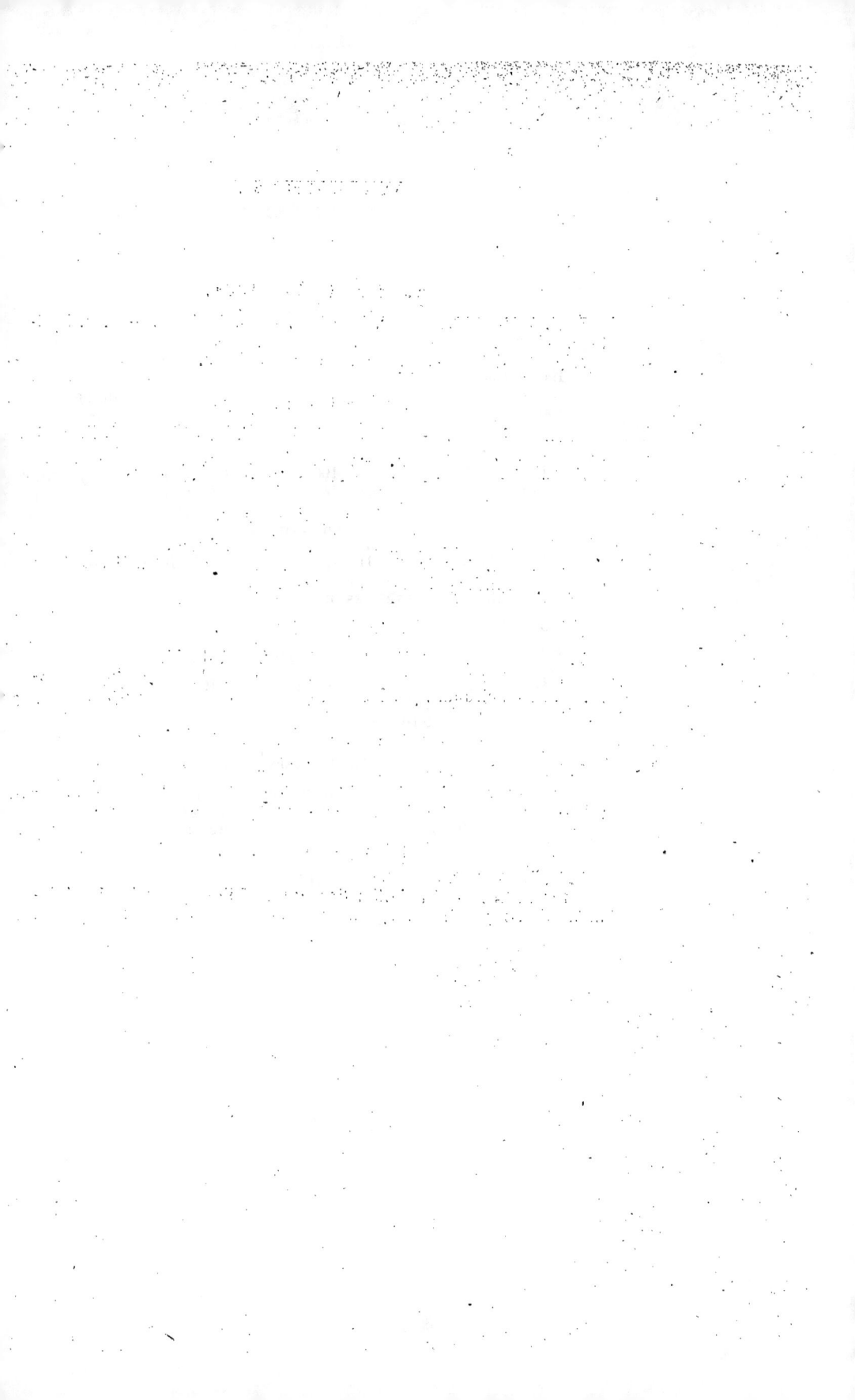

L. 25 février 1901.

L. N. 1901-3-35. — D. P. 1901-4-33. — S. 1901-140. — P. F. 1902-3-33. — G. P. 1901-1-5. — *J. off.* du 26. — V. Commentaire *Lois nouv.* 1901-1-189 et 321.

Fixation du budget génér. des dépenses et recettes de l'exercice 1901.

L. 1er juillet 1901.

L. N. 1901-3-163. — D. P. 1902-4-19. — S. 1902-404. — *J. off.* du 3. Concernant les dépenses de l'expédition de Chine.

L. 10 juillet 1901.

L. N. 1901-3-475. — D. P. 1902-4-57. — S. 1902-409. — *J. off.* du 11.

Contrib. dir. et taxes assimilées de l'exercice 1902.

L. 26 décembre 1901.
L. 25 février 1902.

L. N. 1902-3-12. — D. P. 1902-4-59. — S. 1902-413 et 415. — *J. off.* des 26 déc. 1901 et 25 février 1902.

Crédits provisoires ; janvier février 1902 et mars 1902.

L. 30 mars 1902.

L. N. 1902-3-130. — D. P. 1902-4-60. — S. 1902-415. — P. F. 1902-3-70. — *J. off.* du 30. — V. Commentaire *Lois nouv.* 1902-1-229.

Fixant le budget gén. des dépenses et des recettes de l'exercice 1902.

L. 16 juillet 1902.

L. N. 1902-3-320. — P. F. 1902-3-174. — *J. off.* du 19. Contrib. dir. et taxes assimilées de l'exercice 1903.

BUREAUX DE BIENFAISANCE

Av. Cons. d'État 24 mars 1880.

S. 1880-625.
Etendue des droits et prérogat. en matière de quêtes et souscript.

Av. Cons. d'État 7 juillet 1881.

S. 1882-356.
Etendue et limitat. des droits en matière de legs.

Av. Cons. d'État 9 et 30 mai 1895.

S. 1896-42.
Libéralités faites en faveur des pauvres dans les communes où il n'existe pas de Bureau de bienfaisance.

Avis Cons. d'État 6 septembre 1899.

S. 1901-206.
Condit. de validit. des délibér. des commiss. admin.

D. 8 octobre 1899.

L. N. 1899-3-216. -- S. 1901-206. — *J. off.* du 15.
Gestion financière des Bureaux de bienfaisance et des Bureaux d'assistance.

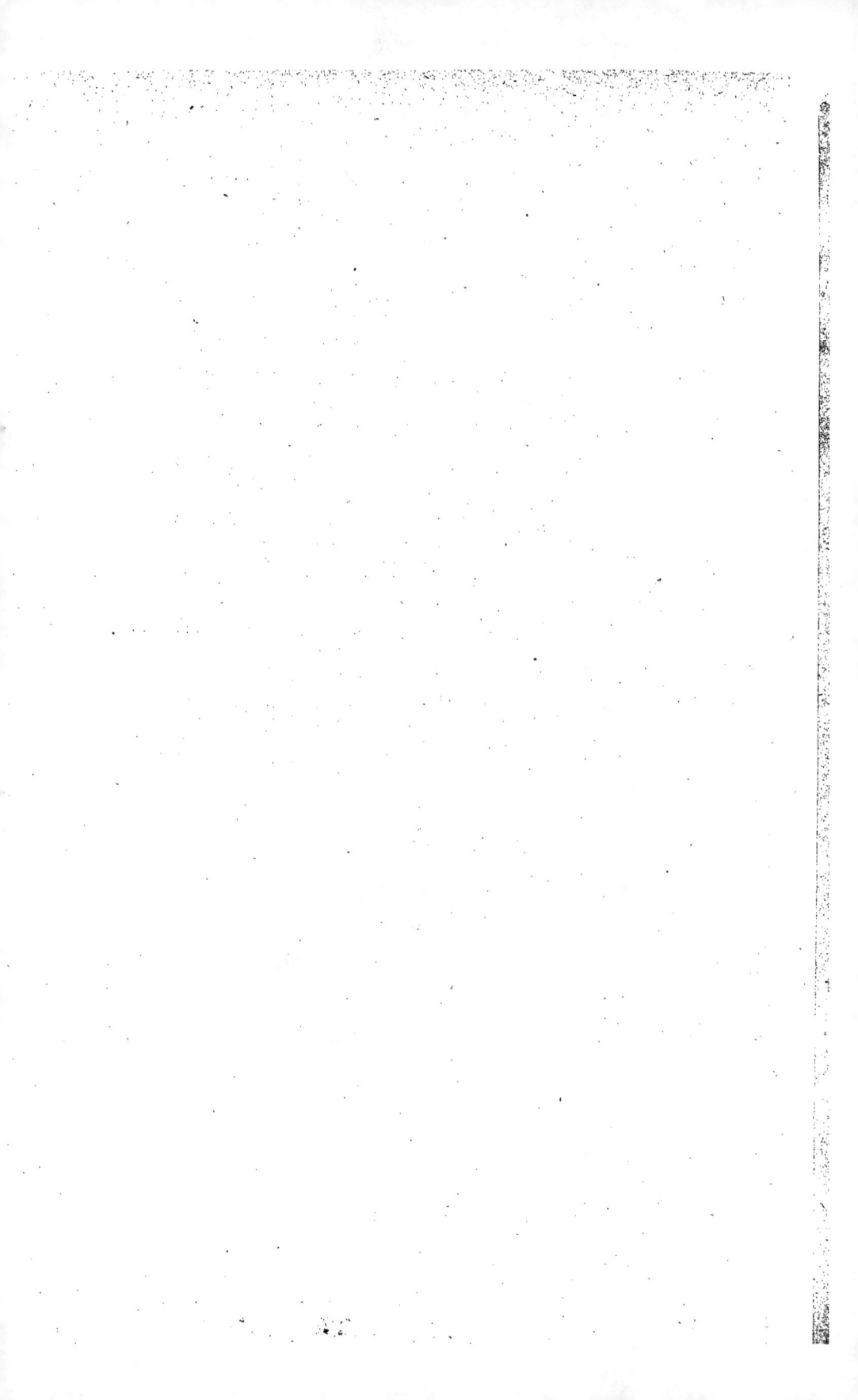

CAISSES D'ÉPARGNE 2

(postales et municipales).

C. 12 février 1892.

L. N. 1892-3-54. — P. F. 1893-3-84.
Dépôt de fonds par les Syndic. profess. à la Caiss. nation. d'Épargne.

L. 3 février 1893.

L. N. 1893-3-40. — D. P. 1893-4-50. — S. 1893-548. — P. F. 1893-3-95. — *J. off.* du 4.
Complét. les art. 419 et 420 C. pén. (bruits faux ou calomn. pr. provoq. des retraits de fonds des Caisses publiq.).

L. 20 juillet 1895.

L. N. 1895-3-141. — D. P. 1896-4-1. — S. 1895-1153. — P. F. 1897-3-1. — *J. off.* du 6 août. — V. Commentaire *Lois nouv.* 1895-1-367 et 1896-1-73.
Loi sur les Caisses d'épargne.

C. 24 juillet 1895.

L. N. 1895-3-187. — S. 1895-1168.
Sur l'exécut. de ce texte.

C. 19 février 1896.

L. N. 1896-3-134.
Même objet.

D. 20 septembre 1896.

L. N. 1896-3-183. — D. P. 1897-4-90. — S. 1897-237. — P. F. 1897-3-96.
Contrôle et vérificat. des opérat. des Caisses d'épargne.

C. 10 mars 1897.

L. N. 1897-3-73. — P. F. 1897-3-76.
Applicat. de l'art. 10 de la L. 20 juillet 1895 ; prêts aux Sociétés de construct. d'habit. à bon marché.

D. 27 décembre 1899.

S. 1901-235. — *J. off.* du 19 janvier 1900.
Remise par la Cour des comptes, des pièces justificativ. de remboursem.

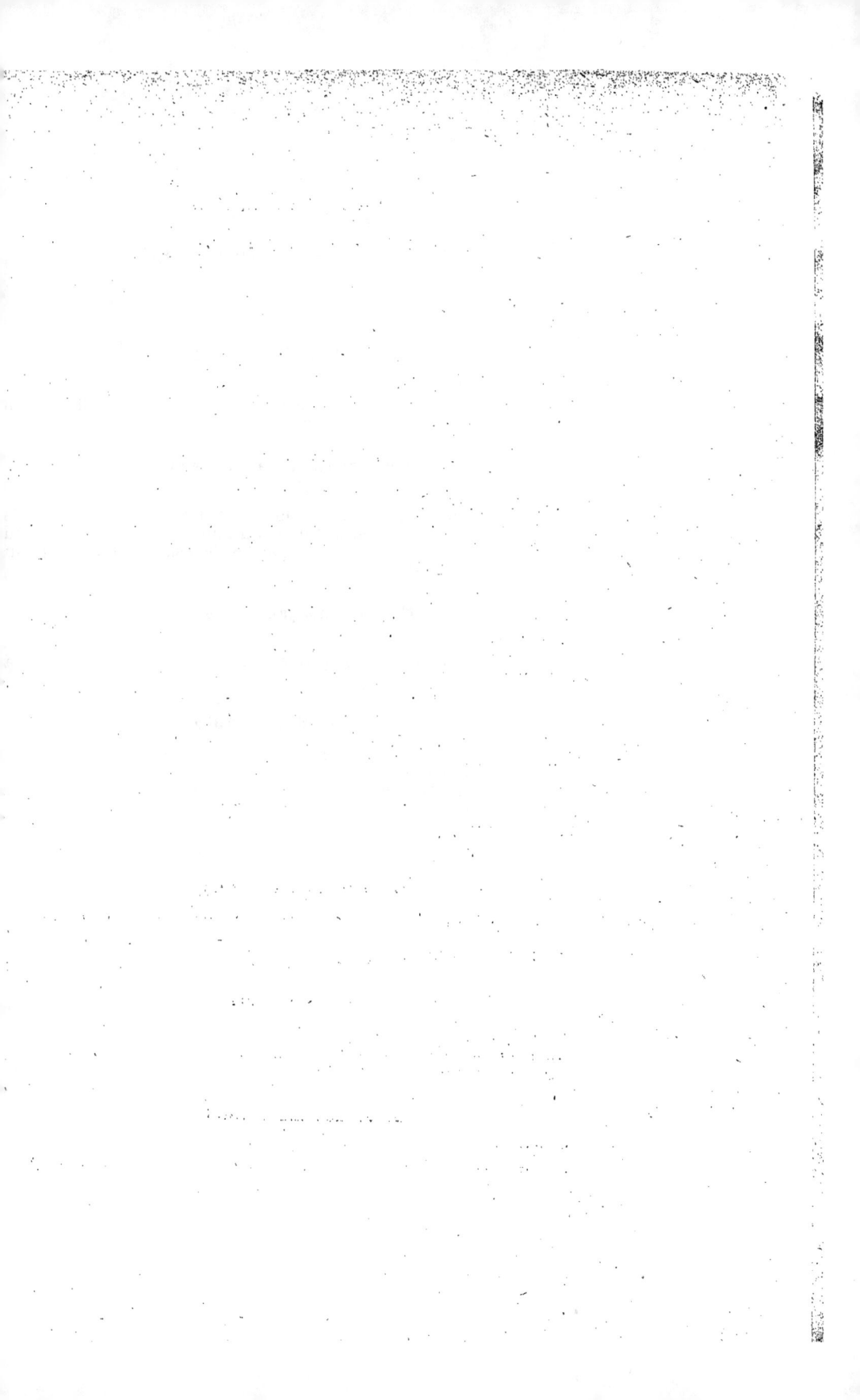

CAISSES D'ÉPARGNE 3

(postales et municipales).

C. 8 février 1900.

L. N. 1900-3-177.
Délivrance des certific. de prop. relatifs au retrait des for
versés dans les Caisses d'épargne.

Avis cons. d'État, 3 avril 1900.

S. 1902-401.
Caisses d'épargne : 1° mandats de traitem. aux employés
factures des fournisseurs ; timbre quittance ; exigibilité ; 2° factu
et 3° procurations à des tiers par les déposants ; établissement
timbre non exigé.

Note Chanc. janvier-février 1901.

L. N. 1901-3-290.
Notaire ; certificats de propriété ; femme mariée ; régime ma
monial.

L. 6 avril 1901.

L. N. 1901-3 104. — D. P. 1901-4-76. — S. 1902-375. — P. F. 19
3-125. — *J. off.* du 17.
Relative aux retenues à opérer sur les doubles livrets des Cai
d'épargne.

CHASSE

L. 3 août 1882.

L. N. 1882-2-161. — D. P. 1882-4-122. — S. 1883-414. — *J. off.* du 4.
Relative à la destruction des loups.

D. 28 novembre 1882.

L. N. 1882-2-223. — D. P. 1883-4-79. — S. 1883-415. — *J. off.* du 29.
Applicat. du texte précédent.

D. 24 février 1897.

L N. 1897-3-72. — P. F. 1898-3-72. — *J. off.* du 25.
Transférant au Ministre de l'Agricult. les attributions exercées par le Minist. de l'intér. concernant la police de la chasse.

L. 16 février 1898.

L. N. 1898-3-37. — D. P. 1898-4-29. — S. 1898-537. — P. F. 1898-3-65. — G. P. 1898-1-2. — *J. off.* du 22. — V. Commentaire *Lois nouv.* 1898-1-363.
Modif. l'art. 3 de la L. 3 mai 1844 sur la police de la chasse (Pouvoirs des Préfets).

D. 9 décembre 1899.

D. P. 1901-4-97. — S. 1901-228. — *J. off.* du 21.
Détermin. le modèle des permis de chasse.

Note 9 février 1900.

P. F. 1901-3-37. — *J. off.* du 9.
Du ministère de l'agriculture. Formalités d'obtention d'une autor. pour le transport du gibier destiné au repeuplement.

C. 15 mars 1901.

L. N. 1901-3-121.
Du min. just. rel. à la chasse et à la répression des infractions.

L. 19 avril 1901.

L. N. 1901-3-105. — D. P. 1901-4-68. — S. 1901-89. — P. F. 1902-3-135. — G. P. 1901-1-14. — *J. off.* du 21. — V. Commentaire *Lois nouv.* 1901-1-337.
Relative à la réparation des dommage causés aux récoltes par le gibier.

C. 19 mai 1899.

L. N. 1899-3-144.
Sur l'applicat. dudit texte.

D. 13 novembre 1899.

L. N. 1899-3-227. -- S. 1900-988. — *J. off*. du 15.
Réglant l'allocation due aux huissiers relativem. à l'application
de ce texte.

L. 11 mai 1900.

L. N. 1900 3-204. — D. P. 1900-4-47. — S. 1900-1053. — G. P. 1900-
1-2. — *J. off*. du 13.
Modif. l'art. 69 C. pr. civ., §§ 9 et 10.

L. 8 juillet 1900.
D. 30 juillet 1900.

L. N. 1900-3-246 et 262. — D. P. 1900-4-50. — P. F. 1900-3-138 et
1901-3-149. — *J. off*. des 11 juillet et 1er août 1900. — V. Commentaire *Lois nouv*. 1900-1-321.
Approuv. et promulg. la Convent. franco-belge du 8 juill. 1899
sur la compétence judiciaire, l'autorité et l'exécution des décisions,
sentences et actes authentiques des deux pays.

D. 3 décembre 1900.

L. N. 1901-3-1. — D. P. 1900-4-80. — S. 1901-200. — *J. off*. du 5.
Portant approbation et public. de la Convention franco-belge
signée à Paris le 16 novembre 1900, concernant la transmission
des actes judiciaires et extra-jud. en mat. civ. et de comm.

A. 4 décembre 1900.

L. N. 1900-3-336. — *J. off*. du 5.
Instituant une commission chargée d'examiner les modifications
à apporter aux tarifs des frais et dépens en matière civile et nommant les membres de cette commission.

L. 2 janvier 1902.

L. N. 1902-3-14. — D. P. 1902-4-26. — S. 1902-329. — P. F. 1902-
3-191. — G. P. 1902-1-857. — *J. off*. du 3. — V. Commentaire *Lois
nouv*. 1902-1-262.
Rel. à la compétence en matière d'assurances.

Note janvier-février 1902.

L. N. 1902-3-198.
Significat. d'actes jud. à des personnes domiciliées aux colonies ; applicat. de l'art. 69 C. pr. civ., modifié par la L. 11 mai 1900.

Ar. 11 avril 1902.

L. N. 1902-3-176. — *J. off.* du 12.
Du Garde des sceaux, instit. une commission pr. rech. les simplificat. pouv. être apportées aux actes de procédure et de justice.

C. 14 novembre 1901.

L. N. 1901-3-335.
Du Proc. gén. près la Cour de Paris. — Renseign. de police.

C. 18 novembre 1901.

L. N. 1901-3-335.
Du même. — Rappel. l'oblig. pour le minist. pub. d'exposer chaque affaire appelée devant le trib. pol. cor.

C. 31 juillet 1902.

L. N. 1902-3-361.
Du min. int. aux préfets. — Agents de police judiciaire ; renseignem. à fournir aux parquets sur les prévenus (affaires correctionnelles).

Lettre 15 septembre 1902.

L. N. 1902-3-350.
Rapports des parquets avec la gendarmerie (demandes de renseignements ; extractions de prisonniers, etc.). (Lettre de l'inspecteur général de la gendarmerie au procureur général de la Seine).

CODE PÉNAL 2

V. aussi : Circonstances atténuantes.

––––––

L. 18 décembre 1893.

L. N. 1894-3-15. — D. P. 1894-4-13. — S. 1894-656. — P. F. 189
3-53. — *J. off.* du 19. — V. Commentaire *Lois nouv.* 1894-1-265.
Modif. et complét. l'art. 3 de la L. 19 juin 1871 sur les explosi

L. 18 décembre 1893.

L. N. 1894-3-15. — D. P. 1894-4-11. — S. 1894-653. — P. F. 1895-
51. — *J. off.* du 19. — V. Commentaire *Lois nouv.* 1894-1-265.
Modif. les art. 265, 266 et 267 C. pén., et abrogeant l'art. 268 (s
les associations de malfaiteurs).

C. 23 décembre 1893.

L. N. 1894-3-16. — D. P. 1894-4-14. — P. F. 1895-3-35.
Sur l'application des lois de sécurité publiq.

L. 28 décembre 1894.

L. N. 1895-3-20. — D. P. 1895-4-34. — S. 1895-807. — P. F. 189
3-139. — *J. off.* du 30.
Abrog. les art. 226 et 227 C. pén. (outrages envers les dépositair
de la force publique).

D. 29 mai 1895.

D. P. 1896-4-08. — S. 1895-1145. — *J. off.* du 1er juin.
Approuv. l'arrêté pris le 30 janv. 1895 par le gouvern. de
Guyane relativem. au D. 22 septembre 1893 (évasion, visite de
navires quittant la colonie, pénalités).

C. 2 mai 1899.

L. N. 1899-3-55. — *J. off.* du 3.
Sur la répress. du vagabondage et de la mendicité.

C. 12 septembre 1901.

P. F. 1902-3-13. — G. P. 1902-2-751. — *J. off.* du 17.
Du Garde des sceaux, rel. aux recours en grâce.

L. 21 novembre 1901.

L. N. 1901-3-332. — D. P. 1902-4-17. — S. 1902-393. — G. P. 190
2-752. — *J. off.* du 22.
Modif. les art. 300 et 302 C. pén. (infanticide).

L. 5 décembre 1901.

L. N. 1901-3-336. — D. P. 1902-4-19. — S. 1902-385. — P. F. 190
3-135. — G. P. 1902-1-856. — *J. off.* du 6.
Portant adjonction à l'art. 357 C. pén. (enlèv. et détourn. d
mineurs).

COLIS POSTAUX 4

D. 28 mars 1901.

P. F. 1901-3-93. — *J. off.* du 4 avril.
Ouv. le bureau franç. de Shanghaï au service des colis postaux avec déclarat. de valeurs.

D. 9 mai 1901.

P. F. 1901-3-151. — *J. off.* des 17-18 mai 1901.
Relat. à l'extension du service des colis postaux en Turquie.

D. 7 décembre 1901.

P. F. 1902-3-110. — *J. off.* du 14.
Extension de l'échange des colis postaux de 5 à 10 kilogs avec les bureaux français établis en Turquie, et les agences au Maroc et à Tripoli.

2ᵉ D. 7 décembre 1901.

P. F. 1902-3-127. — *J. off.* du 14.
Id. Relations de la Corse et de l'Algérie avec la Belgique, le Luxembourg et la Suisse.

D. 5 mars 1902.

P. F. 1902-3-91. — *J. off.* du 13.
Service des colis postaux de 5 à 10 kilogs aux bureaux franç. de Shanghaï et Zanzibar.

D. 3 mai 1902.

P. F. 1902-3-151. — *J. off.* du 13.
Extension : 1° du service des colis postaux de 5 à 10 kilogs aux colonies de la côte occident. d'Afrique; des mêmes, valeur déclarée, au Sénégal et à la Guinée française.

D. 14 juin 1902.

P. F. 1902-3-160. — *J. off.* du 18.
Admettant les colis postaux de valeur déclarée ds. les relations avec la col. Néerlandaise de Curaçao.

D. 21 juin 1902.

P. F. 1902-3-175. — *J. off.* du 5 juillet.
Taxe d'affranchissem. des colis postaux à destinat. des colon. franç. de la côte occidentale d'Afrique.

D. 21 juin 1902.

P. F. 1902-3-183. — *J. off.* du 4 juillet.
Etendant aux colonies de l'Inde franç. et de l'Indo-Chine : 1° le service des colis postaux de 5 à 10 kilogs; 2° celui des colis de valeurs déclarées ; 3° et des colis grevés de remboursem.

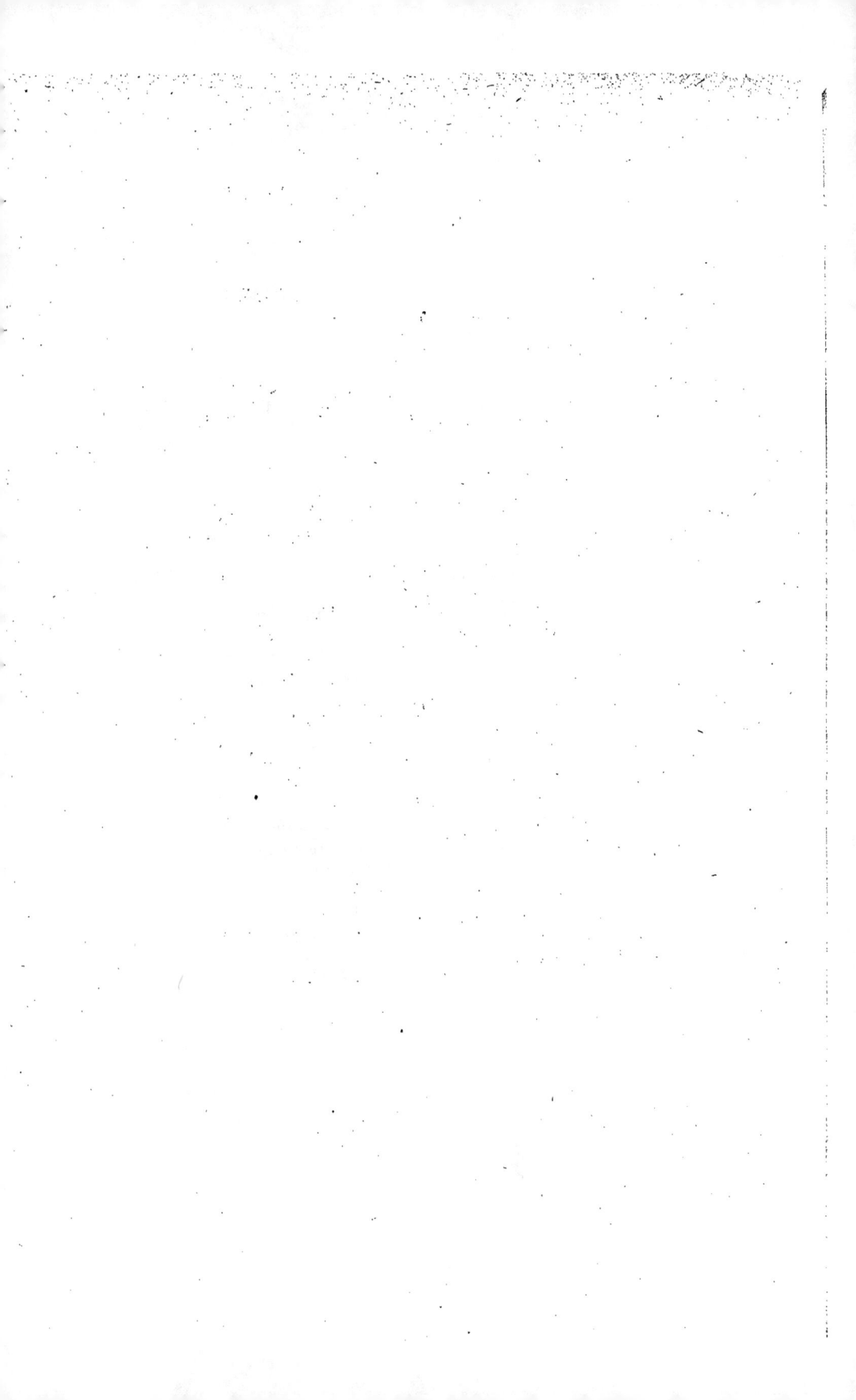

D. 1er mai 1902.

L. N. 1902-3-262. — *J. off.* du 8 juillet.
Portant modificat. à l'organisat. judic. des îles Saint-Pierre et
Miquelon.

D. 13 mai 1902.

L. N. 1902-3-214. — P. F. 1902-3-152. — *J. off.* du 18.
Promulg. à la Guyane franç. div. lois métropolitaines.

D. 31 mai 1902.

P. F. 1902-3-180. — *J. off.* du 9 juin.
Organis. la propriété foncière aux îles Marquises.

D. 3 juin 1902 (3 textes).

L. N. 1902-3-242-243. — *J. off.* du 7 juin.
1° Modif. l'assiette de l'octroi de mer à la Guadeloupe.
2° Modif. l'assiette de l'octroi de mer à la Martinique (tabacs).
3° Modif. le D. 18 juillet 1876 (circul. et vente des vanilles à la
Guadeloupe.)

D. 3 juin 1902.

L. N. 1902-3-243. — *J. off.* du 15 juin.
Modif., pr. La Martinique, certains articles du D. 22 sept. 1890
(frais de justice criminelle, correct. et de simple pol.).

D. 5 juillet 1902.

L. N. 1902-3-265. — P. F. 1902-3-186. — *J. off.* du 6.
Portant organisat. nouvelle de la colonie du Congo français.

D. 6 août 1902.

L. N. 1902-3-334. — *J. off.* du 13 août.
Appliq. à la Guadeloupe l'art. 35, L. 10 août 1871 sur les conseils
généraux.

D. 6 septembre 1902.

L. N. 1902-3-356. — *J. off.* du 21 septembre.
Déclarant non applicab. aux colonies les disposit. du § 4 de
l'art. 20, L. 1er avril 1898 sur les soc. de secours mutuels.

D. 26 octobre 1902.

L. N. 1902-3-379. — *J. off.* du 6 novembre.
Portant modificat. au § 1er de l'art. 29, D. 22 juillet 1894 (organisat.
de la justice au Dahomey).

2e D. 26 octobre 1902.

L. N. 1902-3-379. — *J. off.* du 6 novembre.
Appliq. à la Nouvelle-Calédonie la L. 1er août 1893 sur les sociétés
par actions.

C. 14 novembre 1901.

S. 1902-290.
Du min. int., sur la nécessité de surveill. le recrutem. du Clergé paroissial, en présence de la sécularisation possible des membres de congrégat. d'hommes non autor.

C. 5 décembre 1901.

S. 1902-291.
Sur l'autorisation des établissem. qui dépendent de congrégat. autorisées.

Instr. 14 décembre 1901.
Instr. 27 décembre 1901.

L. N. 1902-3-108-109.
Insertion des extraits de déclarations au *J. off.* et aux Recueils des actes admin. — Modèle de récépissé de déclaration.

D. 24 décembre 1901.

L. N. 1902-3-11. — G. P. 1902-1-856. — *J. off.* du 1er janvier 1902.
Modif. l'art. 1er, D. 1er février 1896 (procédure en matière de dons et legs aux établissem. publics et aux associations religieuses autorisées).

C. 10 mars 1902.

L. N. 1902-3-248.
Congrégat. relig. ; applicat. de la L. 1er juillet 1901 ; demandes d'autorisation ; renseignements demandés par les parquets ; avis de s'adresser aux préfets.

C. 20 juin 1902.

L. N. 1902-3-330.
Liquidation des biens ; frais de justice ; recouvrements ; greffiers ; états de liquidation.

C. 10 juillet 1902.

L. N. 1902-3-195.
Congrégations non autorisées ; frais de justice ; avances aux liquidateurs.

C. 19 juillet 1902.
C. 19 août 1902.

L. N. 1902-3-381.
Etablissem. ouverts sans autorisat. par une congrégation autorisée ; nullité des actes d'acquisition passés au nom de personnes interposées ; renseignements à fournir par les parquets.

Avis 27 novembre 1902.

L. N. 1902-3-410.
Du conseil d'Etat, rel. à la transmission au Parlement des demandes d'autorisat. des congrégations religieuses.

D. 28 novembre 1902.

L. N. 1902-3-411. — *J. off.* du 29.
Modif. le D. 16 août 1901, portant réglem. d'admin. pub. pr. l'exécut. de la L. 1ᵉʳ juillet 1901.

L. 4 décembre 1902.

L. N. 1902-3-411. — *J. off.* du 5. — V. Commentaire *Lois nouv.* 1903-1-1.
Tendant à réprimer le fait d'ouverture ou de tenue sans autorisation d'un établissem. congréganiste.

L. fin. 30 décembre 1900.

S. 1901-136. — *J. off.* du 31.
Art. 6 : Rente perpétuelle 3 0/0 ; annulation de 16.500.000 francs de rente 3 0/0.

L. 6 décembre 1901.

L. N. 1901-3-336. — D. P. 1902-4-20. — S. 1902-404. — *J. off.* du 7.
Émission de rentes 3 0/0 perpétuelles ; régularis. des dépenses de l'expédition de Chine.

L. 9 juillet 1902.

L. N. 1902-3-266. — *J. off.* du 10.
Portant autorisat. de rembourser ou de convertir en rente 3 0/0 les rentes 3 1/2 0/0 inscrites au grand livre de la dette publique.

D. 9 juillet 1902.

L. N. 1902-3-268. — *J. off.* du 10.
Rel. au remboursement ou à la conversion.

D. 9 octobre 1902.

L. N. 1902-3-363. — *J. off.* du 16.
Rel. à la conversion des rentes 3 1/2 0/0 en rentes 3 0/0.

DOUANES 6

Traités internat. y relatifs.

L. 12 juillet 1902.

L. N. 1902-3-320. — *J. off.* du 17 juillet.
Modif. la législ. douanière rel. aux poivres importés d'Indo-Chine.

D. 6 septembre 1902.

L. N. 1902-3-355. — *J. off.* du 9 septembre.
Complétant le D. 10 décembre 1887 (admission temporaire en franchise des blés, froments étrangers pr. la fabricat. des biscuits de mer).

D. 28 septembre 1902.

L. N.1902-3-362. — *J. off.* du 1er octobre.
Approuv. et publiant l'arrangem. franco-luxembourgeois du 10 sept. 1902 (régularisat. du mouvem. des alcools et spiritueux à la frontière.)

D. 26 octobre 1902.

L. N. 1902-3-378. — *J. off.* du 31.
Fix. le poids minimum des expéditions de sucre vanillé présenté à la décharge des comptes d'admission temporaire de sucre.

ENFANTS 2

Pour tout ce qui concerne le travail des enfants (**V. Travail**).

―――

C. 31 mai 1898.

L. N. 1898-3-211.
Mesures à provoquer de la part des Tribun. pr. faciliter l'amendement des mineurs de 16 ans traduits en justice.

C. 5 janvier 1900.

L. N. 1900-3-88.
Applicat. aux Enfants de l'Instruction, exclusion à leur égard de la procédure des flagrants délits.

C. 15 février 1900.

L. N. 1900-3-241.
Enfants moralem. abandonnés. Dépenses d'entretien. Fixation par le tribunal de la part contributive des parents.

D. 23 avril 1900.

D. P. 1902-4-16.
Effectif maximum des 1res classes des inspecteurs des enfants assistés.

C. 27 juillet 1901.

L. N. 1901-3-293.
Du min. int. — Protection des enfants du premier âge ; applic. de l'art. 8, L. 23 déc. 1874.

L. 21 novembre 1901.

L. N. 1901-3-332. — D. P. 1902-4-17. — S. 1902-393. — G. P. 1901-2-752. — *J. off.* du 22.
Modif. les art. 300 et 302 C. pén. (infanticide).

L. 5 décembre 1901.

L. N. 1901-3-336. — D. P. 1902-4-18. — S. 1902-385. — P. F. 1901-3-135. — G. P. 1901-2-752. — *J. off.* du 6.
Portant adjonction à l'art. 357 C. pén. (enlèv. et détourn. de mineurs).

A. 11 décembre 1900.

P. F. 1901-3-47. — *J. off.* du 15.
Du min. com. — Instituant une commission d'hygiène industrielle, et nommant les membres de cette commission.

L. 15 février 1902.

L. N. 1902-3-77. — D. P. 1902-4-41. — S. 1902-345. — G. P. 1902-1-
859. — *J. off.* du 19.
Rel. à la protection de la santé publique.

C. 10 mai 1902.
C. 19 juillet 1902.

L. N. 1902-3-359.
Du min. int. aux préfets ; applicat. de la loi ci-dessus.

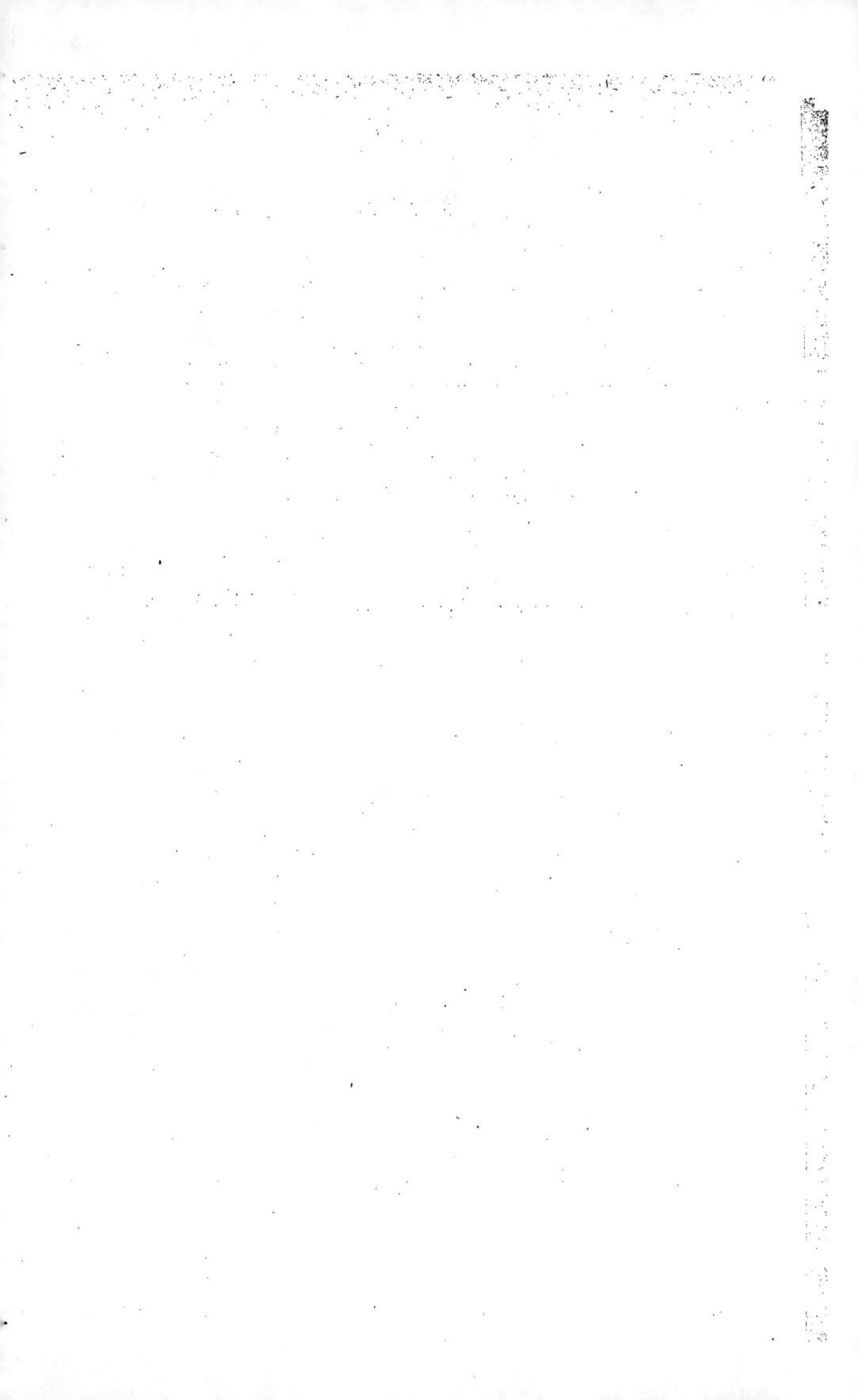

JUSTICE MILITAIRE 3
(Armée de terre et de mer).

D. 19 septembre 1900.

P. F. 1900-3-120.
Organis. le corps des offic. d'admin. du service de just. milit.

D. 6 janvier 1901.

L. N. 1901-3-25.
Organisant provisoirem. le service de la just. militaire pour les troupes coloniales.

L. 2 avril 1901.

L. N. 1901-3-103. — D. P. 1901-4-76. — S. 1902-374. — P. F. 1901-3-94. — G. P. 1901-1-13. — *J. off.* du 4 avril 1901. — V. Commentaire *Lois nouv.* 1901-1-421.
Modifiant l'article 200 du Code de justice militaire.

L. 11 juin 1901.

L. N. 1901-3-161. — D. P. 1902-4-30. — S. 1902-375. — *J. off.* du 12 juin 1901.
Portant fixation d'une limite d'âge pour les sous-officiers du service de la justice militaire.

L. 19 juillet 1901.

L. N. 1901-3-205. — S. 1902-293. — P. F. 1901-3-153. — G. P. 1901-2-745. — *J. off.* du 21 juillet 1901. — V. Commentaire *Lois nouv.* 1901-1-461.
Rendant applic. l'art. 463 C. pén. (circ. attén.), à tous les crimes et délits réprimés par les Codes ci-dessus.

L. 31 juillet 1901.

L. N. 1901-3-237. — D. P. 1902-4-14. — S. 1902-378. — G. P. 1901-2-746. — V. Commentaire *Lois nouv.* 1902-1-377.
Rendant applicable l'art. 463 C. pén. et l'art. 1er L. 26 mars 1891, aux délits et contraventions en matière de pêche maritime et de navigation.

L. 31 juillet 1902.

L. N. 1902-3-346. — *J. off.* du 11 septembre 1902.
Portant modification du décret-loi disciplinaire et pénal du 24 mars 1852, pr. la marine marchande.

V. aussi : Décorations.

L. 27 décembre 1899.

P. F. 1900-3-86.
Modifiant le texte précéd.

L. 13 mars 1901.

S. 1902-308. — P. F. 1901-3-128. — *J. off*. du 14.
Modif. la L. 28 janvier 1897, sur les récompenses nationales en faveur des Français résidant à l'étranger.

D. 15 mars 1901.

P. F. 1901-3-54.
Rel. au tableau d'avancement et de concours pour la Légion d'honneur et la méd. militaire.

Note juillet-août 1902.

L. N. 1902-3-382.
Du min. just. — Notificat. des décisions disciplinaires ; emploi des huissiers au lieu de la voie administrative ; frais ; rappel d'instructions.

Militaire et Marchande.

V. Code de Commerce ; navigation.

D. 29 décembre 1901.

P. F. 1902-3-57. — *J. off.* du 31.
Cond. d'admiss. au commandem. des navires de comm. et à l'obtention des divers brevets.

L. 31 décembre 1901.

L. N. 1902-3-13. — D. P. 1902-4-23. — P. F. 1902-3-31. — *J. off.* du 3 janvier 1902.
Créat. d'un cadre d'off. de marine en résidence fixe.

L. 2 mars 1902.
D. 17 mars 1902.

L. N. 1902-3-156. — D. P. 1902-4-56. — S. 1902-405. — *J. off.* des 4 mars et 3 avril 1902.
Réglant le fonctionnement général du contrôle de l'admin. de la marine.

D. 17 mars 1902.

P. F. 1902-3-128. — *J. off.* du 20.
Régl. pr. le temps de guerre, les condit. d'admiss. et de séjour des bâtiments français et étrangers ds. les mouillages et ports français.

L. 27 mars 1902.

L. N. 1902-3-128. — D. P. 1902-4-93. — P. F. 1902-3-112. — *J. off.* du 29.
Modif. l'art. 8, L. 10 juin 1896 (organis. du corps des officiers de la marine).

L. fin. 30 mars 1902.

L. N. 1902-3-130. — D. P. 1902-4-60. — S. 1902-115. — P. F. 1902-3-70. — *J. off.* du 30.
Art. 43 : L'art. 10, L. 2 mars 1902, n'aura pas d'effet rétroactif.
Art. 81 : Exonér. ou réduis., en faveur des patrons propriétaires de bateaux se livrant à la petite navigation, les taxes ou retenues imposées par la L. 21 avril 1898 et autres textes.

L. 7 avril 1902.

L. N. 1902-3-166. — D. P. 1902-4-93. — P. F. 1902-3-113. — *J. off.* du 10.
Sur la marine marchande.

Militaire et Marchande.
V. Code de Commerce ; navigation.

———

L. 31 juillet 1902.

L. N. 1902-3-346. — *J. off.* du 11 septembre.
Portant modificat. du décret-loi disciplinaire et pénal du 24 mars 1852, pr. la marine marchande.

D. 9 septembre 1902.

L. N. 1902-3-383. — *J. off.* du 10.
Réglem. d'admin. publ. pr. l'applicat. de la L. 7 avril 1902 sur la marine marchande.

Ar. 9 septembre 1902.

L. N. 1902-3-409. — *J. off.* du 10.
Indiq. la liste des pièces non exigées pr. la liquidat. des primes acquises par les navires régis par la L. 30 janvier 1893 (exécut. de l'art. 93; D. 9 sept. 1902).

PONTS ET CHAUSSÉES

D. 18 juillet 1890.

L. N. 1890-3-263. — D. P. 1891-4-94. — *J. off.* du 27.
Organisat. de l'Ecole nation. des Ponts et Chaussées.

D. 17 août 1893.

D. P. 1895-4-1. — S. 1894-891. — *J. off.* du 19.
Organisat. du personnel des agents infér. du service des Ponts
et Chaussées.

D. 3 janvier 1894.

D. P. 1895-4-32. — S. 1895-921. — *J. off.* du 5.
Réorganisat. du personnel des commis des Ponts et Chaussées.

D. 19 décembre 1899.

S. 1901-231.
Modif. les art. 11 à 15, D. 18 juillet 1890, sur l'École nationale des
Ponts.

D. 28 décembre 1899.

S. 1902-301. — P. F. 1901-3-83. — *J. off.* du 12 janvier 1900.
Supprim. le Conseil local départem. pr. la répartition des fonds
affectés aux trav. d'entretien et réparat. ordin. dépendant des
Ponts et Chaussées.

D. 3 juin 1902.

P. F. 1902-3-176. — *J. off.* du 19.
Tarif des essais et analyses effectués par le laboratoire d'essai
de l'Ecole nation. des Ponts.

PRISONS

D. 22 octobre 1880.

D. P. 1881-4-109. — S. 1881-41.
Concernant le reliquat du pécule disponible des détenus au jour de la sortie des maisons centrales.

L. 25 décembre 1880.

D. P. 1881-4-53. — S. 1881-98.
Répression des crimes commis dans l'intérieur des prisons.

D. 3 janvier 1881.

D. P. 1882-4-15. — S. 1881-41.
Organisant le Cons. supér. des prisons.

D. 26 janvier 1882.

D. P. 1883-4-18. — S. 1883-440.
Fixant la composition du Cons. supér. des prisons.

D. 11 novembre 1885.

L. N. 1885-2-168. — D. P. 1886-4-75. — S. 1886-28.
Réglem. du service et du régime des prisons de courtes peines affectées à l'emprisonn. en commun.

L. 4 février 1893.

L. N. 1893-3-40. — D. P. 1893-4-48. — S. 1893-592. — P. F. 1894-3-45.
Réforme des prisons pour courtes peines.

D. 23 novembre 1893.

L. N. 1893-3-306. — D. P. 1895-4-7. — S. 1895-907. — P. F. 1894-3-52.
Fixant la portion revenant aux détenus dans les prisons départ. sur le produit de leur travail.

C. 15 février 1901.

L. N. 1901-3-181.
Du min. just. — Mode d'exécution des peines d'emprisonnement prononcées par les tribunaux de droit commun contre les militaires.

C. 25 mai 1901.

L. N. 1901-3-200.
Du min. int. — Emprisonnement cellulaire (demande d') ; loi du 5 juin 1875.

C. 31 mai 1901.

L. N. 1901-3-182.
Du min. guerre. — Exécution des peines d'emprisonnement prononcées dans certains cas par des tribunaux de droit commun contre des militaires.

PROPRIÉTÉ LITTÉRAIRE, ARTISTIQUE ET INDUSTRIELLE

V. Traités internationaux.
V. aussi Marques de Fabrique.

L. 30 décembre 1899.

L. N. 1900-3-27. — S. 1900-1-157. — *J. off.* du 31.
Protection de la propr. industr. pr. les objets admis à l'Exposition universelle de 1900.

C. 1ᵉʳ décembre 1901.

P. F. 1902-3-110. — *J. off.* du 5.
Du min. instr. pub. — Conventions entre le syndicat de la Soc. des auteurs, compositeurs et éditeurs de musiq. et les Soc. orphéoniq.

L. 11 mars 1902.

L. N. 1902-3-115. — D. P. 1902-4-92. — S. 1902-405. — G. P. 1902-1-862. — *J. off.* du 14.
Etendant aux œuvres de sculpture l'applic. de la L. 19-24 juillet 1793.

————

Instr. 15 décembre 1901.

L. N. 1902-3-109.
Sociétés scolaires de secours mutuels ; états statistiques.

L. 3 février 1902.

L. N. 1902-3-72. — D. P. 1902-4-81. — P. F. 1902-3-138. — *J. off.* du 5.
Réglementant les Soc. de prévoyance (Châtelusiennes) à partage et à durée illimitée.

C. 15 mars 1902.

L. N. 1902-3-249.
Devoir des parquets de signaler aux autorités administratives les décisions de justice rel. aux Sociétés de secours mutuels.

D. 14 avril 1902.

L. N. 1902-3-190. — P. F. 1902-3-192. — *J. off.* du 23.
Modif. l'art. 2, D. 2 mai 1899 et l'art. 8, D. 13 juin 1899, portant règlement d'admin. pub. sur les élections au Conseil supér. des Soc. de sec. mutuels.

L. 24 juillet 1900.

D. P. 1900-4-85. — *J. off.* du 27.
Portant réorganis. de la télégraphie militaire.

L. 14 mars 1901.

P. F. 1901-3-80. — *J. off.* du 16.
Approuv. l'arrangem. addit. à la Convention franco-britanniq. du 8 déc. 1882 (mandats-poste télégraphiques).

D. 7 mai 1901.
A. 8 mai 1901.

L. N. 1901-3-113. — S. 1901-235. — P. F. 1901-3-104. — *J. off.* du 13 mai.
Modifiant les taxes téléphoniq. et rendant applicab. les disposit. nouvelles.

D. 9 mai 1901.

P. F. 1901-3-150. — *J. off.* des 17-18 mai 1901.
Taxe des communicat. téléphoniq. entre la France et l'Allemagne.

D. 10 mai 1901.

P. F. 1901-3-150. — *J. off.* des 17-18 mai 1901.
Rel. au versement d'un cautionnement par les régisseurs du service des postes et télégr. de Paris.

D. 18 juin 1901.

S. 1902-408. — *J. off.* du 26.
Taxes télégraphiq. pr. les corresp. par câbles Oran-Tanger et Tourane-Amoy.

L. 17 décembre 1901.

S. 1902-408. — P. F. 1902-3-16. — *J. off.* du 25.
Taxe d'affranchissem. des correspondances pneumatiques.

L. 5 février 1902.
D. 20 février 1902.

L. N. 1902-3-101 et 120. — *J. off.* du 16 et du 22.
Approuv. et promulg. la Convention comm. signée à Paris le 7 juin 1901, entre la France et la Répub. de Costa-Rica.

L. 12 février 1902 (3 textes).
D. 21-22 février 1902.

L. N. 1902-3-102, 118, 121. — P. F. 1902-3-63. — *J. off.* des 16, 22 et 23 février.
Approuvant et promulguant : 1° La convention commerc. franco-congolaise, signée à Bruxelles le 31 octobre 1901 ; 2° L'arrangem. commerc. signé à Londres le 27 juin 1901, entre la France et le Zanzibar ; 3° La convention commerc. franco-danoise rel. aux Antilles danoises, du 12 juin 1901.

L. 15 avril 1902.

L. N. 1902-3-191. — *J. off.* du 19.
Approuv. la Convention de commerce et de navigation signée le 30 mai 1898 entre la France et l'Equateur.

D. 16 octobre 1902.

L. N. 1902-3-364. — *J. off.* du 18.
Promulg. la Convention franco-suisse, rel. à la police de la navigat. sur le lac Léman, signée à Paris le 10 septembre 1902.

TRAITÉS INTERNATIONAUX 3
(Matières diverses).

———

L. 13 juillet 1897.
D. 6 septembre 1897.

S. 1898-439. — P. F. 1899-3-15.
Promulg. la convent. franco-belge du 4 mars 1897 (Caisse d'Épargne).

D. 11 février 1899.

L. N. 1899-3-13. — S. 1900-1171. — P. F. 1901-3-37.
Promulg. la convent. de Bruxelles du 4 févr. 1898 entre la France, l'Allemagne, la Belgique et les Pays-Bas, sur le jaugeage des bateaux de navigat. intérieure.

L. 7 juin 1900.
D. 8 juillet 1900.

S. 1901-47.
Approb. et promulg. de la convention intern. signée à Bruxelles le 8 juin 1899, pour la revision du régime des spiritueux en Afrique.

TRAITÉS INTERNATIONAUX 3

(Questions intéressant le Droit civil et la Procédure).
Pr. l'Assist. judic. et la Caution judicat. solvi : V. ces mots.

———

L. 8 juillet 1900.
D. 30 juillet 1900.

L. N. 1900-3-262. — D. P. 1900-4-50. — S. 1901-25. — P. F. 1900-3-138. — G. P. 1900-2-1. — *J. off.* du 1er août. — V. Commentaire *Lois nouv.* 1900-1-293.

Promulg. la convent. franco-belge du 8 juill. 1899 sur la compétence judiciaire, l'autorité et l'exécution des décisions, sentences arbitrales et actes authentiq. dans les deux pays.

D. 3 décembre 1900.

L. N. 1901-3-1. — S. 1901-48 et 200. — P. F. 1900-3-32. — *J. off.* du 5.

Portant approbation et public. de la déclaration signée à Paris le 16 novembre 1900, entre la France et la Belgique, concernant la transmission des actes judiciaires et extra-judiciaires en matière civile et commerciale.

C. 27 décembre 1900.

L. N. 1901-3-84.
Sur l'exécution de la convention ci-dessus.

D. 25 octobre 1902.

L. N. 1902-3-377. — *J. off.* du 28.
Portant approbat. et publicat. de la convention franco-belge signée à Paris le 17 octobre 1902, pr. la transmission des actes judiciaires et extra-judic. en mat. civile et commerc. (abrog. et remplace la convention ci-dessus).

TRAVAIL 8

D. 18 juillet 1902.

L. N. 1902-3-323. — *J. off*. du 19.
Réglem. l'emploi de la céruse dans les trav. de peinture en bâtiments.

D. 6 août 1902.

L. N. 1902-3-334. — *J. off*. du 12 août.
Modif. l'art. 4, D. 10 mars 1894 (hygiène et salubrité de. les établissem. industr.).

C. 21 septembre 1902.

L. N. 1902-3-338. — *J. off*. du 29.
Du min. comm., sur l'applicat. du D. 28 mars 1902.

D. 5 août 1901.

L. N. 1901-3-210. — P. F. 1901-3-137. — G. P. 1901-2-746. — ,
du 9 août 1901.

Réglem. d'admin. publ. pour l'application en Tunisie des]
5 août 1899 et 11 juillet 1900 (casier judic. et réhabilitatio
droit).

C. 23 août 1901.

L. N. 1902-3-181.

Du garde des sceaux ; exécution en Algérie et en Tunisie
décisions et mandats émanés des juridictions répressives f
çaises.

C. 29 mai 1902.

P. F. 1902-3-174. — *J. off*. du 4 juin.

Rel. à l'organisat. de la Trésorerie ds. la régence de Tunis.

Liste des fiches comprises dans le service de janvier 1903.

AVIS IMPORTANT

L'on nous signale l'omission de fiches dans certains exemplaires de la Table. Le plus souvent les omissions n'existent pas, nos souscripteurs ne remarquant pas que, pour diminuer le nombre des fiches, nous avons cru devoir placer sur la même fiche un mot de renvoi, et, à la suite, un mot complet.

Exemple : le mot ORGANISATION JUDICIAIRE commence sur la fiche en tête de laquelle se trouve le mot de renvoi : OPÉRATIONS DE BOURSE ; de même que le mot SELS commence sur la fiche portant en tête le mot SÉCURITÉ PUBLIQUE.

D'autre part, nos abonnés comprendront que la manutention de deux millions de fiches a pu déterminer au début certaines erreurs qui, depuis, ont été réparées, grâce à une revision très complète.

La même observation peut être faite en ce qui concerne les textes qui tous se trouvent dans la Table, mais parfois sous des mots autres que ceux où on les cherche. L'index alphabétique a pour but de remédier à cet inconvénient et de faciliter les recherches. Néanmoins nous prions toujours instamment tous nos abonnés de bien vouloir nous signaler toutes les erreurs ou lacunes qu'ils constateront dans la Table perpétuelle. Notre système de fiches permet, en effet, de réparer aisément toutes les erreurs ou omissions.

Le Gérant : TH. MARTIN.

PARIS, 31 *bis*, RUE DU FAUBOURG-MONTMARTRE, PARIS

LES LOIS NOUVELLES

REVUE DE LÉGISLATION ET DE JURISPRUDENCE

EMILE SCHAFFHAUSER

AVOCAT, DOCTEUR EN DROIT, RÉDACTEUR EN CHEF.

H. CHEVRESSON, *Secrétaire de la Rédaction.*

ABONNEMENT ANNUEL : PARIS ET DÉPARTEMENTS, 15 fr. — ÉTRANGER, 18 fr.

Tout souscripteur à la Table perpétuelle a le plus grand intérêt à souscrire également un abonnement aux LoisNouvelles. En effet ce recueil publie les commentaires et le texte des lois et décrets dès leur promulgation, ce que *sa périodicité très rapprochée lui permet de faire aisément,* à la différence des autres recueils, dans lesquels les textes paraissent tardivement. D'autre part, il suffit de se reporter à la table perpétuelle pour se rendre compte que *tous les textes sont publiés dans les Lois Nouvelles,* tandis qu'ils sont l'objet d'une sélection dans les autres recueils. Enfin, *la table perpétuelle renvoie à tous les commentaires des lois* publiés dans la Revue des *Lois Nouvelles.*

Les LOIS NOUVELLES sont absolument indispensables à toute personne qui désire être tenue au courant de l'évolution législative.

Les **Lois Nouvelles** comprennent quatre parties formant des fascicules séparés, ayant chacun une pagination spéciale qui permet de les réunir à la fin de l'année.

Les *Lois Nouvelles* paraissent le **1er et le 15** de chaque mois. Chaque numéro comprend **soixante-quatre pages.**

La 1re partie, intitulée **Revue de législation,** comprend le commentaire de toutes les lois nouvelles présentant un intérêt général. Toute loi importante **est commentée deux fois.** Un premier commentaire paraît **dès la promulgation de la loi,** un second est publié aussitôt que la jurisprudence et la doctrine se sont fixées sur son application.

La 2e partie, intitulée **Revue des travaux législatifs,** comprend l'étude des travaux parlementaires. Tout projet de loi important est analysé et apprécié en un article spécial.

Enfin, le 15 de chaque mois paraît **un tableau,** comprenant, par ordre alphabétique, l'indication des travaux parlementaires effectués dans les deux Chambres pendant le **Mois précédent.**

La 3e partie intitulée **Lois et Décrets,** renferme non seulement tous les textes d'intérêt général, mais encore les circulaires ministérielles relatives à leur application, et se trouve être ainsi **le supplément le plus complet de tous les codes.**

Les textes paraissent toujours **dans la quinzaine de leur promulgation.** Ils sont annotés quand leur importance le comporte.

La 4e partie, intitulée **Revue de jurisprudence,** publie des études de jurisprudence sur toutes les lois nouvelles.

La collection des *Lois Nouvelles* comprenant les années 1896-1903 au prix de 80 fr.
Avec la Table générale des matières de l'origine à l'année 1900 inclus.
Le paiement a lieu au gré du souscripteur.
Il est fait un escompte de 10 0/0 au cas de paiement comptant.

L'envoi a lieu franco, expédition et recouvrement.

V. à la page suivante la liste des fiches comprises dans ce service

L. fin. 30 mars 1902.

L. N. 1902-3-130. — D. P. 1902-4-60. — S. 1902-415. — P. F. 1902-3-70.— *J. off.* du 30.— V. Commentaire *Lois nouv.* 1902-1-229.
Art. 13 : Circulation des alcools entre la France, l'Algérie et la Corse.
Art. 14 : Cbligations et contrôle des détenteurs d'alambics dans Paris.
Art. 15 et 16 : Modif. l'art. 59 de la loi du 25 février 1901.

D. 26 mars 1903.

L. N. 1903-3-145.— *J. off.* du 29 mars.
Fixant le taux de la taxe de fabricat. des alcools d'origine industrielle pendant l'année 1904.

L. fin. 31 mars 1903.

L. N. 1903-3-111. — D. P. 1903-4-17. — S. 1903-570. — P. F. 1903-3-52.— *J. off.* du 31 mars. — V. Commentaire *Lois nouv.* 1903-1-163 (L. fin.), et 1903-1-201 (contribut. indir. ; bouilleurs de cru).
Art. 12 et s. : Fabricants d'appareils distillatoires et loueurs d'alambics ambulants ; régime nouveau des bouilleurs de cru.
Art. 28, 29 : Alcools dénaturés ; suppression de toutes taxes d'octroi ; revivification ; pénalités.

A. 2 avril 1903.

L. N. 1903-3-152. — P. F. 1903-3-72. — *J. off.* du 4 avril.
Détermin. les condit. que doiv. présenter les appareils considérés comme alambics d'essai.

D. 19 août 1903 (2 textes).

L. N. 1903-3-359 et 368. — S. 1903-607 et 609. — P. F. 1903-3-161 et 163. — *J. off.* du 24 août.
Réglem. d'admin. publ. : 1° sur l'applicat. des art. 18 à 22, L. fin. 31 mars 1903, et le régime applicab. aux bouilleurs de cru.
2° Sur l'applicat. des art. 12 à 17 et 26, L. fin. 31 mars 1903, rel. au contrôle des alambics chez les fabricants.

D. 15 janvier 1904.

L. N. 1904-3-49. — *J. off.* du 19 janvier.
Modif. et complét. div. art. du D. 27 déc. 1884, rel. à la vérificat. des alcoomètres.

D. 18 février 1904.

L. N. 1904-3-5 6. — *J. off.* du 21 février.
Fix. le taux de la taxe de fabricat. par hectolitre d'alcool pur établié par les L. L. 25 février 1901 et 30 mars 1902.

L. 4 mars 1904.

L. N. 1904-3-57. — *J. off.* du 6 mars.
Concern. l'échange entre la France et l'Algérie des titres de mouvement pr. le transport des spiritueux.

D. 21 septembre 1903.

L. N. 1903-3-396. — *J. off.* du 27 septembre 1903.
Réorganis. les Consistoires israélites algériens.
Erratum. — V. *Lois nouv.* 1903-3-437. — *J. off.* du 26 novembre 1903.

D. 21 septembre 1903.

L. N. 1903-3-399. — P. F. 1903-3-166. — *J. off.* du 24 septembre.
Rendant exécutoires en Algérie les disposit. de l'art. 7, L. 28 janvier 1903, sur le sucrage des vins.

D. 6 octobre 1903.

L. N. 1903-3-401. — P. F. 1903-3-168. — *J. off.* du 9 octobre., L.
Réglem. d'admin. pub. pr. l'exécut., en Algérie, de l'art. 7 28 janvier 1903, et rel. au sucrage des vendanges.

D. 27 octobre 1903.

P. F. 1904-3-16. — *J. off.* du 12 novembre 1903.
Fix. les traitem. attrib. aux vétérinaires chefs en Algérie.

D. 9 novembre 1903.

L. N. 1903-3-409. — P. F. 1904-3-29. — *J. off.* du 17 novembre.
Modif. les art. 22, 23, 24, 26 et 29, D. 31 mars 1902, rel. aux chambres d'agriculture en Algérie.

D. 1ᵉʳ décembre 1903.

L. N. 1903-3-438. — P. F. 1904-3-31. — *J. off.* du 3 décembre.
Régl. les frais de transport des magistrats, greffiers et interprètes des just. de paix et des trib. de 1ʳᵉ instance des arrondissem. de Tizi-Ouzou et de Bougie, pr. l'instruction des affaires civiles en matière kabyle.

D. 3 décembre 1903.

L. N. 1903-3-439. — P. F. 1904-3-32. — *J. off.* du 4 décembre.
Fixant, à partir du 1ᵉʳ janvier 1904, le droit de consommation des alcools fabriqués ou introduits en Algérie.
Erratum. — V. *Lois nouv.* 1904-4-18. — *J. off.* du 30 décembre 1903.

D. 3 décembre 1903.

L. N. 1903-3-439. — P. F. 1904-3-32. — *J. off.* du 4 décembre.
Déclar. exécutoires en Algérie l'art. 4, L. 28 janvier 1903, rel. au régime des sucres et le D. 26 juin 1903, déterminant le mode d'applicat. de cet article.

D. 3 décembre 1903.

L. N. 1903-3-440. — *J. off.* du 5 décembre.
Homolog. une décision de l'assemblée plénière des Délégat. financières, rel. à l'établissem. en Algérie d'une taxe sur les compagnies et soc. d'assurances contre l'incendie.

D. 3 décembre 1903.

L. N. 1904. 3. 31. — *J. off.* du 5 déc. 1903.
Rel. aux règles de perception pr. le recouvre m. de la taxe ci-dessus

D. 4 décembre 1903.

L. N. 1904. 3. 26. — P. F. 1904. 3. 32. — *J. off.* du 13 déc. 1903.
Modif. et complèt. l'art. 1ᵉʳ, D. 2 août 18 98, portant organisat. du service des douanes en Algérie.

D. 10 décembre 1903.

L. N. 1904. 3. 26. — *J. off.* du 13 déc. 1903.
Prohib. l'importat., en France et en Algérie, des monnaies d'or et d'argent n'ay. plus cours légal ds. leur pays d'origine.

D. 11 décembre 1903.

L. N. 1904. 3. 26. — P. F. 1904. 4. 26. — *J. off.* du 23 déc. 1903.
Faisant applicat. à l'Algérie des L. L. 7 déc. 1874 et 19 avril 1898 sur la protect. des enfants employ. ds. les professions ambulantes.

D. 19 décembre 1903.

L. N. 1904. 3. 27. — *J. off.* du 22 déc. 1903.
Déclar. exécutoires en Algérie les art. 23, 24, L. 31 mars 1903, rel. à la délivrance des titres de mouvem. pr. la circulat. des alcools.

D. 23 décembre 1903.

P. F. 1904. 3. 25. — *J. off.* du 25 déc.
Rel. à l'octroi de mer en Algérie.

L. fin. 30 décembre 1903.

L. N. 1904. 3. 1. — P. F. 1904. 3. 17. — *J. off.* du 31 déc. 1903. — V. Commentaire *Lois nouv.* 1904. 1. 1.
Art. 9 : Amendes ; saisies et confiscat. ; ser vice des pensions civiles ; affaires suivies en Algérie ; part affectée.

ALGÉRIE 28.

L. 30 décembre 1903.
D. 30 décembre 1903.

L. N. 1904-3-13 et 15. — *J. off*. du 31 déc. 1903.

1° Autoris. la percept. des droits, produits et revenus applicab. au budget spécial de l'Algérie pr. l'exercice 1904.

2° Régl. le budget spécial de l'Algérie pr. 1904.

D. 30 décembre 1903.

L. N. 1904-3-16. — P. F. 1904-3-20. — *J. off*. du 31 déc. 1903.

Réglem. d'admin. pub. pr. l'exécut. de l'art. 6, L. 24 déc. 1902, rel. à l'organisat. des territoires du sud de l'Algérie.

L. 4 mars 1904.

L. N. 1904-3-57. — *J. off*. du 6 mars.

Concern. l'échange entre la France et l'Algérie des titres de mouvement pr. le transport des spiritueux.

L. 27 décembre 1900.

L. N. 1901-3-9. — D. P. 1901-4-9. — S. 1901-17. — P. F. 1901-3-129. — G. P. 1901-1-1. — *J. off.* du 28. — V. Commentaire *Lois nouv.* 1901-1-1.
Relative à l'amnistie.

C. 26-27 décembre 1900.

L. N. 1901-3-7 et 1901-1-7. — *J. off.* du 27.
Du ministre de la marine, relative aux mesures à prendre à l'égard des déserteurs et insoumis en exécution de la loi.

C. 31 décembre 1900.

L. N. 1901-1-119.
Du ministre des finances sur l'application du texte ci-dessus.

Instr. 7 janvier 1901.

L. N. 1901-1-53 et 1901-3-26.
Du min. guerre, même objet.

C. 7 janvier 1901.

L. N. 1901-3-85.
Applic. de la loi ; paiement des droits et frais ; dispos. inapplic. au cas où il n'existe pas de condamn. passée en force de chose jugée.

C. 29 janvier 1901.

L. N. 1901-1-55. — P. F. 1902-3-6. — *J. off.* du 31.
Du ministre de la marine ; applic. de la loi.

C. 22 mars 1901.

L. N. 1901-3-121.
Applic. de l'art. 1er, nos 6 et 7, et art. 2, n° 1. — Condamnation pron. postérieurement à la promulgation de la loi pour des faits antérieurs au 15 décembre 1900.

L. 30 décembre 1903.

L. N. 1904-3-11. — P. F. 1904-3-21. — *J. off.* du 31 déc. 1903.
Rel. à l'amnistie pr. faits de grève et faits connexes.

ASSISTANCE JUDICIAIRE 3
ET TRAITÉS INTERNATIONAUX Y RELATIFS

C. 16 juin 1902.

L. N. 1902-3-327.
Mémoires (rédaction des) ; huissiers ; exécution (actes d') ; témoins
instrumentaires (avances aux) ; — Taxe des mémoires de transports ;
magistrat compétent.

C. 23 juin 1902.

L. N. 1902-3-337.
Contrainte par corps exercée à la requête d'un particulier admis au
bénéf. de l'ass. jud. ; frais (recouvrement des).

C. 30 octobre 1902.

L. N. 1903-3-46.
Contrainte par corps ; partie civile assistée judic. ; aliments, dispense
de consignation ; recouvrement des frais et émoluments dus aux offic.
minist.

C. 22 novembre 1902.

L. N. 1903-3-100.
Assist. jud. ; exécutoires supplémentaires ; redressement d'erreurs
ds. l'intérêt de la comptab. publiq. ; affaires commerciales ; arbitres
rapporteurs.

C. 1ᵉʳ décembre 1902.

L. N. 1903-3-102.
Experts ; affaires de parties civiles ; frais ; provision ; consignation
dispense en cas d'ass. jud.

C. 11 mars 1903.

L. N. 1903-3-232.
Du minist. just. — Publicité à donner aux prescript. des LL. 22 janvier 1851 et 10 juill. 1902, rel. aux formalités à remplir pr. pouv.
solliciter le bénéfice de l'ass. jud.

L. fin. 31 mars 1903.

L. N. 1903-3-111. — D. P. 1903-4-17. — S. 1903-570. — P. F. 1903-
3-52. — *J. off.* du 31 mars. — V. Commentaire *Lois nouv.* 1903-1-163
(L. fin.) et 1903-1-201 (Contrib. indir. ; bouilleurs de cru).
Art. 60 : Juridictions d'instruction et de répression ; partie civile
judiciairement assistée ; dépens (recouvrement des) ; percepteurs :
poursuites, porteurs de contraintes ; notification par la poste.

C. 26 octobre 1903.

L. N. 1904-3.54.
Du min. just. — Amendes et condamnat. pécuniaires ; recouvrement ;
extraits de jugem. et arrêts ; exécutoires ; greffiers ; parties civiles
pourvues de l'assist. jud.

ASSISTANCE PUBLIQUE

D. 14 avril 1888.

L. N. 1888-2-44. — D. P. 1888-4-44. — S. 1888-377. — P. F. 1888-3-13. — *J. off.* du 15.
Instituant un Cons. supérieur de l'Assist. publiq.

D. 15 janvier 1894.

L. N. 1894-3-26. — D. P. 1895-4-32. — S. 1895-1063. — P. F. 1895-3-14. — *J. off.* du 21.
Réorganis. du Cons. supérieur de l'Assist. publiq.

D. 23 avril 1900.

D. P. 1902-4-16.
Effectif maximum des 1res classes des inspecteurs des enfants assistés.

D. 11 mars 1901.

P. F. 1901-3-155. — *J. off.* du 14.
Fixant la composit. du Cons. supérieur de l'Assist. publiq.

L. 8 juillet 1901.

L. N. 1901-3-166. — D. P. 1902-4-13. — S. 1902-365. — P. F. 1902-3-16. — G. P. 1901-2-742. — *J. off.* du 9.
Modif. la L. 10 août 1871 en ce qui concerne l'incompatibilité appliquée aux médecins de l'Assist. publiq.

D. 31 décembre 1903.

L. N. 1903-3-50. — *J. off.* du 7 janvier 1904.
Rel. aux récompenses pouv. être accordées pr. services rendus à l'Assist. publiq.

C. 5 octobre 1903.

L. N. 1903-3-370. — S. 1903-617. — G. P. 1903-2-9. — *J. off.* du 20 octobre 1903.

Rel. à l'applicat. du D. 15 août 1903, ci-dessus (V. Frais de justice).

C. 1er décembre 1903.

L. N. 1904-3-59.

Ventes judic. d'immeub. dont le prix n'excède pas 2.000 francs ; vérificat. des frais ; modificat. apportées au tarif des avoués.

L. 31 mars 1903.

L. N. 1903-3-111. — D. P. 1903-4-17. — S. 1903-570.
1903-3-52. — *J. off.* du 31. — V. Commentaire *Lois nouv.* 1
(L. fin.), et *ibid.*, p. 201 (contrib. indir. ; bouilleurs de cru)
  Portant fixat. du budget général des dépenses et des re
l'exercice 1903.

L. 13 juillet 1903.

L. N. 1903-3-234. — D. P. 1903-4-75. — P. F. 1903-3-102.
du 15 juillet.
  Rel. aux contribut. directes et aux taxes assimilées de
1904.

L. 30 décembre 1903.

L. N. 1904-3-1. — P. F. 1904-3-17. — *J. off.* du 31 déc. 1
Commentaire *Lois nouv.* 1904-1-1.
  Portant fixat. du budget génér. des dépenses et des re
l'exercice 1904.

C. 13 juin 1901.

L. N. 1901-3-291.
Extraits pr. admission ds. les soc. de sec. mutuels ; enregistr, gratis.

C. 15 avril 1902.

L. N. 1902-3-250.
Du min. just. — Duplicata des bulletins n° 1 (guerre et marine) ; vérifications des antécédents des appelés des classes.

Décision mai-juin 1902.

L. N. 1902-3-330.
Cession d'offices ; bulletin n° 2 du casier judiciaire du candidat ; frais à sa charge.

Décision janvier-février 1903.

L. N. 1903-3-178.
Du min. just. — Casier (recherches au) ; débits de boissons ; service du jury ; syndicats professionnels ; établissements d'instruction ou d'enseignement ; état des récidives ; frais de justice.

Arr. 16 juin 1903.

L. N. 1903-3-244. — P. F. 1903-3-174. — *J. off.* du 11 juillet.
Rel. à la délivrance aux autorités militaires des bulletins n° 2 du casier judic. et au paiement de ces bulletins.

C. 4 septembre 1903.

P. F. 1903-3-173. — *J. off.* du 8 septembre.
Du min. guerre, rel. aux disposit. de l'arrêté du 16 juin 1903, ci-dessus.

CHASSE 2

C. 12 mai 1903.

L. N. 1903-3-424.
Du min. just. — Confiscat. des armes ou engins ; description aux procès-verbaux ; dépôt au greffe.

C. 28 mai 1903.

L. N. 1903-3-244.
Du min. de l'intérieur. — Police de la chasse ; descript. exacte par les agents verbalisateurs des armes ou engins ay. servi à commettre un délit de chasse.

L. fin. 30 décembre 1903.

L. N. 1904-3-1. — P. F. 1904-3-17. — *J. off.* du 31 déc. 1903. — V. Commentaire *Lois nouv.* 1904-1-1.
Art. 28 : Organis. ds. les forêts domaniales, la destruction des sangliers par les agents forestiers.

CODE CIVIL

(Articles modifiés).

LIVRE PREMIER

TITRE I. — DE LA JOUISSANCE DES DROITS CIVILS.

Art.	7	L. 26 juin 1889.........	V. Nationalité.
—	8 §2	L. 26 juin 1889.........	id.
—	8 §3	L. 22 juillet 1893.......	id.
—	8 §4	L. 26 juin 1889.........	id.
—	9	L. 22 juillet 1893.......	id.
—	10	L. 26 juin 1889.........	id.
—	12 à 13	L. 26 juin 1889.........	id.
—	16	L. 5 mars 1895........	V. Caution *judicatum solvi.*
—	17 à 21	L. 26 juin 1889.........	V. Nationalité.

TITRE II. — ACTES DE L'ETAT-CIVIL.

Art.	37	L. 7 décembre 1897....	V. Témoins.
—	45	L. 17 août 1897.......	V. Etat-Civil.
—	47	L. 8 juin 1893........	id.
—	48	L. 8 juin 1893........	id.
—	49	L. 17 août 1897........	id.
—	55	L. 21 juin 1903........	id.
—	59 à 62	L. 8 juin 1893........	id.
—	70	L. 17 août 1897........	id.
—	73	L. 20 juin 1896.........	V. Mariage.
—	76	L. 17 août 1897.........	V. Etat-Civil.
—	80	L. 8 juin 1893..........	id.
—	86 à 99 L.	L. 8 juin 1893, 17 mai 1900	id.
—	101	L. 8 juin 1893..........	id.

TITRE III. — DOMICILE.

Art.	108	L. 6 février 1893.......	V. Divorce. —Séparation.

TITRE V. — MARIAGE.

Art.	151 à 153	L. 20 juin 1896.........	V. Mariage.
—	155	L. 20 juin 1896.........	id.
—	170 à 171	L. 29 novembre 1901....	id.
—	179	L. 20 juin 1896.........	id.
—	205	L. 9 mars 1891........	id.

TITRE VI. — DIVORCE.

Art.	230 à 232	L. 27 juillet 1884........	V. Divorce. — Séparation.
—	234, 248	L. 18 avril 1886.........	id.
—	248	L. 6 février 1893.......	id.
—	249 à 274	L. 18 avril 1886..........	id.
—	275 à 299	L. 27 juillet 1884........	id.
—	299	L. 6 février 1893.:......	id.
—	306	L. 27 juillet 1884........	id.
—	307	L. 18 avril 1886........	id.
—	310	L. 27 juil.1884, L. 18 avr.1886.	id.
—	311	L. 6 fév. 1893..........	id.

CODE CIVIL 2
(Articles modifiés).

———

TITRE VII. — PATERNITÉ ET FILIATION.

Art. 313   L. 18 avril 1886........ V. Divorce. — Séparation.
—   331   L. 17 août 1897........ V. Etat-Civil.

TITRE VIII. — ADOPTION.

Art. 353 à 354   L. 17 mai 1900......... V. Etat-Civil.

TITRE XI. — MAJORITÉ, INTERDICTION, CONS. JUD.

Art. 501   L. 16 mars 1893........ V. Interdiction.

LIVRE DEUXIÈME

TITRE II. — PROPRIÉTÉ.

Art. 563   L. 8 avril 1898......... V. Eaux.

TITRE IV. — SERVITUDES.

Art. 641 à 643   L. 8 avril 1898........ V. Eaux.
—   666 à 673   L. 20 août 1881 .... V. Code rural.
—   682 à 685   L. 20 août 1881.........   id.

LIVRE TROISIÈME

TITRE I. — SUCCESSIONS.

Art. 723 à 724   L. 25 mars 1896........ V. Enfants.
—   756 à 766   L. 25 mars 1896........ V.   id.
—   767   L. 9 mars 1891......... V. Conjoint surviv.
—   773 (abrogé) L. 25 mars 1896........ V. Enfants.
—   843 à 844   L. 24 mars 1898........ V. Rapport à success.

TITRE II. — DONATIONS ET TESTAMENTS.

Art. 908   L. 25 mars 1896........ v. Enfants.
—   913 à 915   L. 25 mars 1896........   id.
—   919   L. 24 mars 1898........ V. Rapport à success.
—   980   L. 7 décembre 1897..... V. Témoins.
—   981 à 982   L. 17 mai 1900........ V. Testaments
—   983 à 984   L. 8 juin 1893.........   id.
—   988 à 998   L. 8 juin 1893.........   id.
—   1007   L. 25 mars 1899........   id.
—   1094   L. 14 février 1900...... V. Disp. entre époux ; quo-
                              tité dispon.

TITRE III. — CONTRATS.

Art. 1153   L. 7 avril 1900........ V. Intérêt de l'argent.

L. 16 novembre 1903.

L. N. 1903-3-421. — D. P. 1903-4-80. — P. F. 1904-3-1. — *J. off.* du 17. — V. Commentaire *Lois nouv.* 1903-1-753.
Modif. la L. 9 juillet 1902, rel. aux actions de priorité.

L. 30 décembre 1903.

L. N. 1904-3-11. — *J. off.* du 31 déc. 1903.
Rel. à la réhabilitation des faillis (modif. les art. 604-612 C. comm.),

CODE RURAL 2

L. 4 avril 1889.

L. N. 1889-3-61. — D. P. 1889-4-34. — S. 1889-552. — P. F. 1889-
3-16. — G. P. 1889-1-8. — V. Commentaire *Lois nouv.* 1890-1-1.
Animaux employés à l'exploitat. des propriétés rurales.

L. 9 juillet 1889.

L. N. 1889-3-161. — D. P. 1890-4-20. — S. 1889-554.— P. F. 1889-
3-48. — G. P. 1889-2-3. — V. Commentaire *Lois nouv.* 1890-1-57.
Parcours, vaine pâture, bans de vendanges, ventes du blé en vert,
durée du louage des domestiq et ouvriers ruraux.

L. 18 juillet 1889.

L. N. 1889-3-209. — D. P. 1890-4-22. — S. 1889-558. — P. F. 1889-
3-47. — G. P. 1889-2-16. — V. Commentaire *Lois nouv.* 1890-1-759.
Sur le colonat partiaire.

L. 22 juin 1890.

L. N. 1890-3-202. — D. P. 1890-4-115. — S. 1891-1. — P. F. 1891-3-
26. — G. P. 1889-2-1. — V. Commentaire *Lois nouv.* 1890-1-801.
Modif. les art. 2, 5 et 12 de la L. 9 juillet 1889.

C. 5 août 1890.

L. N. 1890-3-309.
Sur l'applicat. de ce texte.

L. 31 juillet 1895.

L. N. 1895-3-131. — D. P. 1895-126. — S. 1895-1121. — P. F. 1896-
3-75. — G. P. 1895-2-2. — V. Commentaire *Lois nouv.* 1895-1-45.
Modif. les L. 21 juillet 1881 et 2 août 1884 (ventes et échanges d'animaux domest.).

L. 8 mars 1898.

L. N. 1898-3-48. — D. P. 1898-4-35. — S. 1898-553. — P. F. 1899-3-
81. — G. P. 1898-1-2. — *J. off.* du 11. — V. Commentaire *Lois nouv.*
1898-1-208.
Sur les vignes à complant.

L. 8 avril 1898.

L. N. 1898-3-126. — D. P. 1898-4-136. — S. 1898-662. — P. F. 1899-
3-113. — G. P. 1898-1-11. — V. Commentaire *Lois nouv.* 1898-1-453.
Sur le régime des Eaux.

L. 21 juin 1898.

L. N. 1898-3-180. — D. P. 1898-4-125. — S. 1899-705. — P. F.
1900-3-1. — G. P. 1898-1-15. — V. Commentaire *Lois nouv.* 1899-
1-77.
Sur la police rurale

D. 21 août 1903 (2 textes).

L. N. 1903-3-391 et 392. — *J. off.* du 28 août.

1° Appliq. aux. colonies les disposit. de la Convention de Bruxelles rel. au régime des sucres. (*V. infrà*, Traités de commerce, L. 27 janvier 1903).

2. Modif. en ce qui concerne les sucres, le tarif spécial des douanes à la Martinique, en Indo-Chine et ds. les établissem. français de l'Océanie.

D. 17 septembre 1903.

L. N. 1903-3-394. — *J. off.* du 26 septembre.

Appliq. à la Cochinchine la L. 6 avril 1901 rel. aux caisses d'épargne.

D. 19 septembre 1903.

P. F. 1003-3-166. — *J. off.* du 26 octobre 1903.

Portant modificat. au D. 6 avril 1900, réorganisant le personnel des administrat. colon.

D. 19 octobre 1903 (3 textes).

L. N. 1903-3-403. — *J. off.* du 23 octobre.

1° Modif. le tableau annexé au D. 9 mai 1892, rel. au régime douanier ds. les établissem. français de l'Océanie.

2° Modif. l'art. 1er, D. 21 août 1903, rel. au tarif général douanier des sucres en Indo-Chine.

3° Modif. l'art. 1er, D. 21 août 1003, rel. au tarif général douanier des sucres à la Martinique.

D. 19 octobre 1903.

L. N. 1903-3-404. — P. F. 1903-3-169. — *J. off.* du 27 octobre.

Modif. l'art. 160, D. 20 nov. 1882, rel. aux paiements à faire aux illettrés.

D. 21 octobre 1903.

P. F. 1003-3-169. — *J. off.* du 27 octobre.

Modif. le D. 15 octobre 1902, portant créat. d'un conseil de gouvernem. de l'Afrique occidentale franç.

D. 21 octobre 1903.

P. F. 1904-3-23. — *J. off.* du 17 déc. 1903.

Portant modificat. au D. 1er déc. 1889, sur la réglementat. des congés et le mode de payem. de la solde de congé des fonctionn. et agents aux col.

D. 23 octobre 1903.

L. N. 1904-3-18. — *J. off.* du 6 déc. 1903.
Rel. à l'organisat. du service de la justice milit. dans les troupes coloniales.

D. 28 octobre 1903.

P. F. 1904-3-16. — *J. off.* du 1ᵉʳ nov. 1903.
Autoris. les agents du service topographiq. de l'Afriq. occidentale franç. à effectuer des versements à la Caisse des dépôts et consignat.

D. 8 novembre 1903.

L. N. 1903-3-408. — P. F. 1903-3-172. — *J. off.* du 14 novembre.
Modif. pr. les colonies du Sénégal et dépendances, les délais d'ajournement en matière civile et commerciale.

D. 10 novembre 1903 (2 textes).

L. N. 1903-3-442 et 1904-3. 32 et 45. — *J. off.* du 24 novembre.
1º Portant réorganisat. du service de la justice ds. les colonies relevant du gouvernem. général de l'Afrique occidentale.
2º Fix. le traitem., la parité d'office et le costume du personnel judic. ds. ces mêmes col.

D. 20 novembre 1903.

L. N. 1904-3-47. — *J. off.* du 24 nov. 1903.
Portant modificat. au D. 31 mai 1903, organisant la propriété foncière aux îles Marquises.

D. 22 novembre 1903.

L. N. 1903-3-437. — *J. off.* du 28 novembre.
Remettant provisoirem. en vigueur les disposit. du D. 26 sept. 1890, rel. à la répartition des dépenses de l'enseignement primaire.

D. 27 novembre 1903.

P. F. 1904-3-32. — *J. off.* du 4 déc. 1903.
Modif. l'art. 22, D. 20 nov. 1867, rel. à l'organisat. du corps milit. des surveillants des établissem. pénitentiaires aux col.

D. 4 décembre 1903.

P. F. 1904-3-30. — *J. off.* du 13 déc. 1903.
Rel. au séjour des étrangers ds. les établissem. franç. de l'Océanie.

L. fin. 30 décembre 1903.

L. N. 1904-3-1. — P. F. 1904-3-17. — *J. off.* du 31 déc. 1903. — V. Commentaire *Lois nouv.* 1904-1-1.

Art. 23 : Les frais des missions mobiles de l'inspection des col. seront à la charge des budgets locaux.

D. 31 décembre 1903.

P. F. 1904-3-20. — *J. off.* du 7 janv. 1904.

Fix. les droits de sortie sur les objets exportés par la région du Congo franç., et modif. le tableau annexé au D. 29 nov. 1892, appliquant le tarif douanier métropolitain au Gabon.

D. 9 janvier 1904.

P. F. 1904-3-20. — *J. off.* du 13 janvier.

Modif. le D. 22 février 1902, rel. au concours d'admiss. et à l'organisat. de l'enseigmen. à l'école coloniale.

D. 15 janvier 1904.

L. N. 1904-3-51. — *J. off.* du 23 janvier.

Port. promulgat. ds. toutes les col. autres que la Martinique, la Guadeloupe, La Réunion et l'Indo-Chine de la L. 6 avril 1897, modifiant l'art. 174 C. instr. crim.

L. 18 février 1904.

L. N. 1904-3-56. — *J. off.* du 21 février.

Attrib. la personnalité civile à l'Office Colonial.

———

L. 2 mars 1902.

L. N. 1902-3-111. — D. P. 1902-4-87. — S. 1904-670. — *J. off.* du 5.
Autor. des emprunts en dehors des formalités d'usage, pour les communes des départ. éprouvés par la crise viticole.

L. fin. 30 mars 1902.

L. N. 1902-3-130. — D. P. 1902-4-60. — S. 1902-415. — P. F. 1902-3-70. — *J. off.* du 30. — V. Commentaire *Lois nouv.* 1902-1-229.
Art. 3 et suiv. : Série de disposit. rel. aux communes dont le contingent a été augmenté du fait de l'art. 3, L. 10 juillet 1901.
Art. 58 : Les disp. de la L. 12 nov. 1808 sont applic. aux taxes communales assimilées aux contrib. dir. ; le privilège prendra rang après celui du Trésor public.

L. 7 avril 1902.

L. N. 1902-3-174. — D. P. 1902-4-101. — S. 1902-332. — P. F. 1902-3-72. — G. P. 1902-1-862. — *J. off.* du 9.
Abrog. les §§ 15 et 16 de l'art. 133, et modif. les art. 141, 142 et 143, L. 5 avril 1884 sur l'org. municipale (budget des communes).

L. fin. 31 mars 1903.

L. N. 1903-3-111. — D. P. 1903-4-17. — S. 1903-570. — P. F. 1903-3-52. — *J. off.* du 31 mars. — V. Commentaire *Lois nouv.* 1903-1-163.
Art. 59 : Les établissem. communaux de bienfaisance n'ont droit à un receveur spécial qu'autant que le chiffre de leurs revenus soit seuls, soit cumulés avec d'autres, excède 60,000 francs. (V. L. 25 février 1901).

L. 10 juillet 1903.

L. N. 1903-3-247. — D. P. 1903-4-70. — S. 1904-658. — P. F. 1903-3-160. — *J. off.* du 12 juillet.
Modif. la procédure instituée par l'art. 10, L. 20 mars 1883, et par les art. 41 à 50, D. 7 avril 1887, pr. la construction d'office des maisons d'école.

L. fin. 30 décembre 1903.

L. N. 1904-3-1. — P. F. 1904-3-17. — *J. off.* du 31 déc. 1903. — V. Commentaire *Lois nouv.* 1904-1-1.
Art. 25 : Conditions de l'abandon total ou partiel de l'abonnement annuel consenti aux communes pr. frais de casernement; prise en charge des dépenses.
Art. 39 : Fix. le mode de répartition, ds. les départem. et ds. chaq. commune, des subventions allouées pr. secours aux familles des réservistes et territoriaux (art. 85, L. 13 avril 1898).

L. fin. 31 mars 1903.

L. N. 1903-3-111. — D. P. 1903-4-17. — S. 1903-570. — P. F. 1903-3-52. — *J. off.* du 31 mars. — V. Commentaire *Lois nouv.* 1903-1-163 (L. fin.) et 201 (Contrib. indir.).

Art. 60 : Juridictions d'instruction et de répression ; partie civile judiciairement assistée ; dépens (recouvrement des) ; percepteurs des contrib. dir. — Poursuites, porteurs de contraintes ; notifications par la poste.

L. 13 juillet 1903.

L. N. 1903-3-234. — D. P. 1903-4-75. — P. F. 1903-3-102. — *J. off.* du 15 juillet.

Rel. aux contrib. dir. et aux taxes y assimilées de l'exercice 1904. Art. 17 : Modif. l'art. 28, § 1er, L. 21 avril 1832 (demandes en décharge ou réduction; procédure des réclamations et abrog. des LL. 6 déc. 1897, art. 12, et 11 déc. 1902, art. 6).

D. 1er mars 1904.

L. N. 1904-3-57. — *J. off.* du 7 mars.

Modif. les décrets sur la limite d'âge pr. l'admiss. aux emplois de receveur particul. des fin. et de percepteur des contribut. dir.

———

L. fin. 30 décembre 1903.

L. N. 1904-3-1. — P. F. 1904-3-17. — *J. off.* du 31 déc. 1903. — V. Commentaire *Lois nouv.* 1904-1-1.

Art. 23 : Contribut. indir. et octrois ; procès-verbaux des agents ; foi due ; droits du prévenu.

COUR DES COMPTES 2

L. fin. 30 décembre 1903.

L. N. 1904-3-1. — P. F. 1904-3-17. — *J. off.* du 31 déc. 1903. — V. Commentaire *Lois nouv.* 1904-1-1.

Art. 18 : Interdis. de fixer par réglem. une limite d'âge passé laquelle les titulaires de certains emplois ne peuv. être maintenus en fonction. — Exception : maintien de la limite pr. les magistrats de l'ordre judic. et de la Cour des Comptes seulem.

ENREGISTREMENT 4

C. 6 août 1903.

L. N. 1904-3-48.
Du min. just. — Production des actes en justice ; devoir des tribun.
d'exiger la justificat. de l'enreg. ; surveillance du min. pub.

L. fin. 30 décembre 1903.

L. N. 1904-3-1. — P. F. 1904-3-17. —*J. off.* du 31 déc. 1903. — V.
Commentaire *Lois nouv.* 1904-1-1.
Art. 3 : Mutations par décès ; sociétés mandataires dépositaires de
valeurs dépendant d'une success. ; ayants droit domiciliés à l'étranger ;
applicat. de l'art. 5 § 5, L. 25 février 1901.
Art. 7. 8 : Success. en déshérence ; dons et legs dévolus à l'État ;
liquidation.

ÉTABLISSEMENTS DANGEREUX, INSALUBRES ET INCOMMODES 2

D. 29 juillet 1898.

L. N. 1898-3-273. — D. P. 1900-4-4. — S. 1900-1046. — P. F. 1899-3-30. — *J. off.* du 6 août.
Même objet.

D. 19 juillet 1899.

D. P. 1900-4-9. — S. 1900-1046. — *J. off.* du 12 août.
Même objet.

D. 18 septembre 1899.

D. P. 1900-4-9. — S. 1900-1047. — *J. off.* du 21.
Même objet.

D. 22 décembre 1900.

L. N. 1901-3-6. — S. 1902-326. — P. F. 1901-3-68. — *J. off.* du 30.
Même objet.

D. 25 décembre 1901.

L. N. 1902-3-23. — S. 1902-326. — P. F. 1902-3-30. — *J. off.* du 10 janvier 1902.
Même objet.

D. 27 novembre 1903.

L. N. 1904-3-23. — *J. off.* du 18 déc. 1903.
Même objet.

FAILLITE. — LIQUIDATION JUDICIAIRE

L. 4 mars 1889.

L. N. 1889-3-29. — D. P. 1889-4-9. — S. 1889-449. — P. F. 1889 3-13. — G. P. 1889-1-2. — V. Commentaire *Lois nouv.* 1889-1-169.
Modif. la législat. des faillites et instituant la liquidation judiciaire.

L. 4 avril 1890.

L. N. 1890-3-144. — D. P. 1890-4-105. — S. 1890-727. — P. F. 1890-3-27. — G. P. 1890-1-12.
Modif. le § 1er de l'art. 5 du texte précédent (suspension des actions et des exécutions individuelles).

C. 14 novembre 1891.

L. N. 1891-3-201.
Applicat. de l'art. 489 Code comm. (deniers provenant des ventes et recouvrements en cas de faillite ; versem. à la Caisse des Dépôts et consignations).

L. 1er juillet 1893.

L. N. 1893-3-171. — D. P. 1894-4-30. — S. 1894-665. — P. F. 1894-3-53.
Liquidat. de la Cie univers. du canal interocéanique de Panama.

L. 6 février 1895.

L. N. 1895-3-35. — D. P. 1895-4-34. — S. 1895-937. — G. P. 1895-1-2. — V. Commentaire *Lois nouv.* 1895-1-208.
Modif. l'art. 549 Code de Comm. (Privilège des commis).

C. 17 février 1900.

L. N. 1900-3-242.
Casier judiciaire. — Nécessité de signifier tous les jugements déclaratifs de faillite. Avance des frais par le Trésor.

C. 10 mai 1900.

L. N. 1900-3-296.
Syndics. Liquidateurs. Obligation de consigner les deniers. Registre de gestion. Devoirs des greffiers civils et commerc.

L. 30 décembre 1903.

L. N. 1904-3-11. — *J. off.* du 31 décembre 1903.
Rel. à la réhabilitat. des faillis (art. 604-612 C. comm.).

2ᵉ L. 21 juin 1898.

L. N. 1898-3-194. — D. P. 1899-4-3. — S. 1899-830. — *J. off*. du 23. Abrog. l'art. 163 et modif. l'art. 154 du Code forestier.

D. 11 novembre 1899.

S. 1901-230. — P. F. 1900-3-31. — *J. off*. du 12.
Recrutement des élèves de l'Ecole nation. des Eaux et Forêts.

C. 31 décembre 1899.

L. N. 1900-3-180.
Exécut. des jugem. rendus à la requête de l'admin. des Eaux et Forêts. Amendes, condamnat. pécun. et frais de justice.

L. 19 avril 1901.

L. N. 1901-3-105. — D. P. 1901-4-78. — S. 1901-193. — P. F. 1902-3-137. — G. P. 1901-1-14. — *J. off*. du 21. — V. Commentaire *Lois nouv*. 1901-1-350.
Portant modific. de l'art. 105 Code forestier (affouage).

C. 16 juillet 1901.

L. N. 1902-3-178.
Exécut. des jugem. rendus à la requête de l'admin. des Eaux et Forêts.

C. 25 août 1901.

L. N. 1902. 3-176.
Poursuite des délits ; destruct. des engins saisis comme prohibés en mat. de pêche fluviale.

L. 13 décembre 1902.

L. N. 1903-3-9. — D. P. 1903-4-15. — S. 1903 528. — P. F. 1903-3-19. — *J. off*. du 17.
Concern. les mesures à prendre contre les incendies de forêts.
Erratum. — V. *Lois nouv*. 1903-3-100. — *J. off*. du 18 mars 1903, p. 1718.

D. 1ᵉʳ août 1903.

P. F. 1903-3-143. — *J. off*. du 13 août.
Rel. au recrutement des élèves de l'Ecole nationale des Eaux et Forêts.

FORÊTS 5

D. 19 décembre 1903.

L. N. 1904-3-27. — *J. off.* du 22 déc. 1903.
Rel. à la transformat. de l'école pratiq. de sylviculture des Barres
en une école d'enseignem. techniq. et professionnel pr. les gardes des
Eaux et Forêts.

L. fin. 30 décembre 1903.

L. N. 1904-3-1. — P. F. 1904-3-17. — *J. off.* du 31 déc. 1903. — V.
Commentaire *Lois nouv.* 1904-1-1.
Art. 28 : Organis., ds. les forêts domaniales, la destruct. des sangliers
par les agents forestiers.

Note mars-avril 1903.

L. N. 1903-3-242.
Du min. just. — Trib. de simple police ; jugem. par défaut ; condamnat. pécuniaires ; extraits provisoires ; avertissem. préalable à la signification ; amendes civiles.

C. 25 avril 1903.

L. N. 1903-3-241.
Du même. — Comptabilité des frais ; impressions non susceptib. de recouvrem. ; nouveau mode de liquidat. des dépenses; affiches prévues par l'art. 36 C. pén. ; demande de renseignements.

Note mai-juin 1903.
Instr. enreg. 4 juin 1903.

L. N. 1903-3-432.
Du même, aux juges de paix, transmettant l'instruction annexée, rel. aux droits de timbre et d'enregistrem. sur les actes et jugem. ds. les matières de la juridiction des prud'hommes, et ds. certaines instances spéciales de la compétence des juges de paix.

D. 25 juillet 1903.

L. N. 1903-3-336. — D. P. 1903-4-52. — S. 1903 }23. — *J. off.* du 29.
Modif. le D. 13 novembre 1899 pr. l'applicat. de la loi sur le secret des actes signifiés par huissiers (15 février 1899).

Note juillet-août 1903.

L. N. 1904-3-47.
Accid. du trav. ; mémoires de frais ; dispense de timbre ; suppression des états collectifs. — Greffiers de justice de paix ; frais de transport et de séjour des juges de paix ; greffiers de 1ʳᵉ instance ; frais d'affranchissem.

D. 15 août 1903.

L. N. 1903.3.310. — S. 1903-612.— P. F. 1903-3-145.—G. P. 1903 -2-2. — *J. off.* du 20 août. — V. Commentaire *Lois nouv.* 1903-1-429.
Concern. le tarif des frais et dépens devant les trib. de 1ʳᵉ instance et les cours d'appel.
Errata. — V. *Lois nouv.* 1903-3-359. — *J. off.* du 28 août et du 1ʳᵒ septembre 1903.

FRAIS DE JUSTICE 6

C. 5 octobre 1903.

L. N. 1903-3-370. — S. 1903-617. — G. P. 1903-2-9. — *J. off.* du 20 octobre 1903.

Rel. à l'applicat. du D. 15 août 1903, ci-dessus.

Arr. 16 novembre 1903.

L. N. 1903-3-420. — *J. off.* du 17 novembre.

Instit. une Commission chargée de suivre l'applicat. du D. 15 août 1903, et nommant les membres de cette commission.

C. 1er décembre 1903.

L. N. 1904-3-59.

Du min. just. — Ventes judic. d'immeubles dont le prix n'excède pas 2.000 francs ; vérification des frais ; modificat. apportées au tarif des avoués.

L. fin. 30 décembre 1903.

L. N. 1904-3-1. — P. F. 1904-3-17. — *J. off.* du 31 déc. 1903. — V. Commentaire *Lois nouv.* 1904-1-1.

Art. 6 : Affaires criminelles, correctionn. et de police ; port des lettres et paquets ; tarif et recouvrement.

D. 22 mai 1903.

L. N. 1903-3-189. — P. F. 1903-3-88. — *J. off.* du 27 mai.
Modif. le D. 1er août 1898 sur la comptabilité des lycées.

D. 10 juin 1903.

L. N. 1903-3-199. — P. F. 1903-3-158. — *J. off.* du 12 juin.
Donnant aux agrégés des lycées pr. l'ordre de la grammaire, la faculté d'être nommés professeurs titulaires dans toutes les classes du premier cycle.

L. 10 juillet 1903.

L. N. 1903-3-247. — D. P. 1903-4-70. — S. 1904-658. — P. F, 1903-3-160. — *J. off.* du 12 juillet.
Modif. la procédure instituée par l'art. 10, L. 20 mars 1883 et par les art. 41 à 50, D. 7 avril 1887, pr. la construction d'office des maisons d'école.

D. 4 août 1903.

L. N. 1903-3-340. — P. F. 1903-3-143. — *J. off.* du 11 août.
Modif. le D. 18 janvier 1887, rel. à l'enseignem. primaire (brevets et certificats d'aptitude).

Arr. 8 août 1903.

P. F. 1903-3-143. — *J. off.* du 9 août.
Modif. les arr. 18 janv. 1887, 24 juill. 1888 et 31 juill. 1897 sur les bourses d'enseignem. primaire supérieur, le concours d'admiss. aux écoles normales et le certificat d'études primaires élémentaires.

Arr. 15 décembre 1903.

P. F. 1904-3-30. — *J. off.* du 16 déc.
Rel. à l'examen du certificat d'études primaires supérieures.

L. fin. 30 décembre 1903.

L. N. 1904-3-1. — P. F. 1904-3-17. — *J. off.* du 31 déc. 1903. — V. Commentaire *Lois nouv.*, 1904-1-1.
Art. 22 : Complét. les disposit. de l'art. 73, L. fin. 31 mars 1903 (promotions).

JUSTICE MILITAIRE 3

(Armées de terre et de mer).

———

D. 19 septembre 1900.

P. F. 1900–3–120.
Organis. le corps des offic. d'admin. du service de just. milit.

D. 6 janvier 1901.

L. N. 1901 -3-25.
Organisant provisoirem. le service de la just. militaire pour les troupes coloniales.

L. 2 avril 1901.

L. N. 1901-3-103. — D. P. 1901-4-76. — S. 1902-374. — P. F. 1901-3-94. — G. P. 1901-1-13. — *J. off.* du 4 avril 1901. — V. Commentaire *Lois nouv.* 1901-1-421.
Modifiant l'article 200 du Code de justice militaire.

L. 11 juin 1901.

L. N. 1901-3-161. — D. P. 1902-4-30. — S. 1902-375. — *J. off.* du 12 juin 1901.
Portant fixation d'une limite d'âge pour les sous-officiers du service de la justice militaire.

L. 19 juillet 1901.

L. N. 1901-3-205. — S. 1902-293. — P. F. 1901-3-153. — G. P. 1901-2-745. — *J. off.* du 21 juillet 1901. — V. Commentaire *Lois nouv.* 1901-1-461.
Rendant applic. l'art. 463 C. pén. (circ. attén.), à tous les crimes et délits réprimés par les Codes ci-dessus.

L. 31 juillet 1901.

L. N. 1901-3-237. — D. P. 1902-4-14. — S. 1902-378. — G. P. 1901-2-746. — V. Commentaire *Lois nouv.* 1902-1-377.
Rendant applicable l'art. 463 C. pén. et l'art. 1er, L. 26 mars 1891, aux délits et contraventions en matière de pêche maritime et de navigation.

L. 31 juillet 1902.

L. N. 1902-3-346. — D. P. 1903-4-5. — S. 1904-671. — P. F. 1903-3-2. — *J. off.* du 11 septembre 1902.
Portant modification du décret-loi disciplinaire et pénal du 24 mars 1852, pr. la marine marchande.

JUSTICE MILITAIRE 4

(Armées de terre et de mer).

———

D. 23 octobre 1903.

L. N. 1904-3-18. — *J. off.* du 6 déc. 1903.
Rel. à l'organisat. du service de la justice milit. ds. les troupes coloniales.

D. 8 novembre 1903.

P. F. 1904-3-4. — *J. off.* du 10 déc. 1903.
Régl. d'admin. pub. sur les Conseils d'enquête des officiers, des sous-off. de réserve et de l'armée territor. et des sous-offic. rengagés ou commissionnés. — Tableaux.

LIBERTÉ COMMERCIALE ET INDUSTRIELLE

L. 15 février 1898.

L. N. 1898-3-34. — D. P. 1898-4-25. — S. 1898-457. — P. F. 1898-3-99. — G. P. 1898-1-1. — V. Commentaire *Lois nouv.* 1898-1-181.
Rel. au commerce de brocanteur.

L. 21 août 1900.

L. N. 1900-3-284. — D. P. 1902-4-89. — S. 1901-197. — P. F. 1900-3-158. — *J. off.* du 26. — V. Commentaire *Lois nouv.* 1900-1-443.
Interdisant la création de conditions privées en concurrence avec des conditions publiques antérieurement établies.

L. 4 août 1903.

L. N. 1903-3-341. — D. P. 1903-4-79. — P. F. 1903-3-143. — G. P. 1903-2-2. — *J. off.* du 7 août.
Réglementant le commerce des produits cupriques anti-criptogamiques.

L. 14 mars 1904.

L. N. 1904-3.62. — *J. off.* du 17 mars.
Rel. au placement des employés et ouvriers des deux sexes et de toutes professions.

MADAGASCAR 6

D 1er juin 1903.

P. F. 1903-3-100. — *J. off.* du 6 juin.
Modif. le D. 13 déc. 1902.

D. 5 juin 1903.

P. F. 1903-3-101. — *J. off.* du 13 juin.
Modif. le tableau annexé au D. 28 juill. 1897, portant fixation des exceptions au tarif général des douanes en ce qui concerne les produits étrangers importés à Madagascar.

D. 21 juin 1903.

P. F. 1903-3-156. — *J. off.* du 25 juin.
Réglem. de police sanitaire des animaux à Madagascar.

D. 24 juin 1903.

P. F. 1903-3-157. — *J. off.* du 30 juin.
Rel. aux mesures à prendre en cas de maladies contagieuses et parasitaires des plantations à Madagascar et dépendances.

D. 31 juillet 1903.

L. N. 1903-3-340. — P. F. 1903-3-142. — *J. off.* du 10 août 1903.
Conférant aux gradés de la garde régionale de Madagascar les fonctions d'officier de police judiciaire.

D. 9 septembre 1903.

P. F. 1903-3-168. — *J. off.* du 2 octobre 1903.
Modif. l'art. 6, D. 20 déc. 1900, portant créat. d'un cadre temporaire d'ingénieurs, etc., à Madagascar.

D. 2 mars 1904.

L. N. 1904-3-57. — *J. off.* du 5 mars.
Autoris., à Madagascar, les administrateurs investis des fonctions de juge de paix à tenir des audiences foraines.

MARINE 2

Militaire et Marchande.
V. Code de Commerce, Navigation.

———

D. 8 mars 1884.

D. P. 1884-4-119 et 120. — S. 1885-696.
Sur l'état des officiers de réserve de l'armée de mer.

D. 2 août 1884.

L. N. 1884-2-53.
Réorg. l'établiss. des pupilles de la marine.

D. 18 mars 1885.

D. P. 1885-4-24. — S. 1886-86.
Créant une succursale de la Caisse d'épargne postale dans les divisions navales et à bord de chaque bâtiment.

D. 26 mars 1885.

L. N. 1885-2-20.
Réorganisat. du corps de santé de la marine.

L. 15 avril 1885.

L. N. 1885-2-36. — D. P. 1885-4-81. — S. 1885-762.
Pensions des armées de terre et de mer.

L. 10 juillet 1885.

L. N. 1885-2-80. — D. P. 1886-4-17. — S. 1886-9. — P. F. 1886-3-14.
Modif. celle du 10 décembre 1874 sur l'hypothèque maritime.

L. 12 août 1885.

D. P. 1886-4-22.
Modif. divers art. du Liv. II du C. de comm. (comm. marit.).

D. 17 novembre 1885.

L. N. 1885-2-202. — D. P. 1883-4-70. — S 1886-61.
Modif. le service des Invalides de la marine. Mode de paiement des pensions civ. et milit. de la marine et des colonies.

D. 6 mars 1886.

L. N. 1886-2-30.
Réorganisat. du service des défenses sous marines.

2° D. 6 mars 1886.

L. N. 1886-2-37.
Réorg. le service hydrographique de la marine.

MINES 4

Et mineurs.

———

D. 23 décembre 1901.
C. 21 janvier 1902.

L. N. 1902-3-54 et 57. — *J. off.* du 21 janvier 1902.
Conservation des explosifs dans les exploitations souterraines.

D. 12 mars 1902.

P. F. 1902-3-93.— *J. off.* du 13 mars.
Réglem. d'admin. pub. pr. l'École nationale supérieure des mines.

D. 6 avril 1902.

P. F. 1902-3-109. — *J. off.* du 17.
Conférant aux contrôleurs principaux, après cinq ans de fonctions, le titre de sous-ingénieur des mines.

L. fin. 31 mars 1903.

L. N. 1903-3-111. — D. P. 1903-4-17. — S. 1903-570. — P. F. 1903-3-52. -- *J. off.* du 31 . — V. Commentaire *Lois nouv.* 1903-1-163 (L. fin.), et 1903-1-201 (contrib. indir.).
Art. 4 : Exploitation des mines ; frais de perception à verser au Trésor ; fixation à 3 centimes par franc.
Art. 84 et s. : Ouvriers mineurs. ; pensions d'âge ou d'invalidité majoration des) ; retraite (allocations pour) ; dispositions organiques.

L. 21 juillet 1903.

L. N. 1903-3-335. — D. P. 1903-4-74. — P. F. 1903-3-141. — G. P. 1903-2-1. — *J. off.* du 23 juillet.
Modif. l'art. 89, L. 31 mars 1903.

D. 9 septembre 1903.

P. F. 1903-3-173. — *J. off.* du 12 sept.
Fix. le prix de vente des explosifs de mine.

MONNAIES 2

Et Conventions monétaires.

———

D. 22 février 1899.
D. 20 juillet 1899.

S. 1901-88. — *J. off.* des 5 mars et 27 juillet.
Relatif au type des pièces d'or de 20 francs et de 10 francs.

L. fin. 30 mars 1902.

L. N. 1902-3-130. — D. P. 1902-4-60. — S. 1902-415. — P. F. 1902-3-70. — *J. off.* du 30 mars. — V. Commentaire *Lois nouv.* 1902-1-229.

Art. 57 : Modif. l'intitulé et les art. 1 et 3, L. 11 juillet 1885 (interdiction de toute simul. de billets de banque et de toutes monnaies franç. et étrangères).

L. 13 décembre 1902.
D. 17 janvier 1903.

L. N. 1903-3-9 et 41. — D. P. 1903-4-65. — S. 1904-672. — P. F. 1903-3-86 et 93. — *J. off.* des 16 déc. 1902 et 20 janvier 1903.

Approuv. et promulg. la convention monétaire addit. à celle du 6 nov. 1885 conclue à Paris le 15 nov. 1902 entre la France, la Belgique, la Grèce, l'Italie et la Suisse.

L. fin. 31 mars 1903.

L. N. 1903-3-111. — D. P. 1903-4-17. — S. 1903-570. — P. F. 1903-3-52. — *J. off.* du 31 mars. — V. Commentaire *Lois nouv.* 1903-1-163 (L. fin.) et 1903-1-201 (Contrib. indir. ; bouilleurs de cru).

Art. 50 : Ordonnant la fabricat. d'une pièce de nickel de 25 centimes.

D. 10 décembre 1903.

L. N. 1904-3-26. — P. F. 1904-3-30. — *J. off.* du 13 déc. 1903.

Prohib. l'importat. en France et en Algérie des monnaies d'argent n'ay. plus cours légal dans leur pays d'origine.

NAVIGATION 5

V. aussi Marine, Code de Commerce.

———

D. 1er avril 1899.

L. N. 1899-3-121. — S. 1900-1172. — P. F. 1899-3-141. — *J. off.* du 9 juin.

Portant règlement relatif : 1° à l'immatriculat. et au jaugeage des bateaux ; 2° à la statistique de la navigation intérieure.

L. 18 avril 1900.

L. N. 1900-3-154. — D. P. 1900-4-49. — S. 1900-1049.— P. F. 1900-3-112. — *J. off.* du 21. — V. Commentaire *Lois nouv.* 1900-1-264.

Contrav. au règlem. sur les appareils à vapeur ou à gaz et les bateaux qui en font usage.

D. 5 juillet 1900.

S. 1901-48. — *J. off.* du 12.

Relatif à la mise en service d'un nouveau Code international des signaux.

L 31 juillet 1901.

L. N. 1901-3-237. — D. P. 1902-4-14. — S. 1902-378. — G. P. 1901-2-746. — *J. off.* du 6 sept. 1901. — V. Commentaire *Lois nouv.* 1902-1-377.

Rendant applic. l'art. 463 C. pén. et l'art. 1er, L. 26 mars 1891, aux délits et contraventions en matière de pêches maritimes et de navigation.

D. 8 octobre 1901.

L. N. 1902-3-87. — *J. off.* du 5 février 1902.

Règlement général de police des voies de navigat. intérieure.

D. 15 février 1902.

L. N. 1902-3-102. — *J. off.* du 17 février 1902.

Instit. un Comité consultatif de la navig. intérieure et des ports.

L. fin. 30 mars 1902.

L. N. 1902-3-130. — D. P. 1902-4-60. — S. 1902-415. — P. F. 1902-3-70. — *J. off.* du 30. — V. Commentaire *Lois nouv.* 1902-1-229.

Art. 81 : Supprim. ou réduis., en faveur des patrons propriétaires de bateaux se livrant à la petite navigat., les taxes ou retenues imposées par la L. 21 avril 1898 ou autres textes. (Caisses de prévoy.).

NAVIGATION 6

V. aussi : Marine, Code de Commerce.

L. 23 décembre 1903.

L. N. 1904-3-28. — *J. off.* du 29 déc. 1903.
Tendant à compléter l'outillage national par l'exécut. d'un certain nombre de voies navigab. nouvelles, l'améliorat. des canaux, rivières et ports maritimes.

L. 5 avril 1884 (Loi municipale),

D. P. 1884-4-25. — S. 1884-553. — V. Commentaire *Lois nouv.* 1884-1 (2ᵉ section) 1 à 275.

Art. 168 : Abrogeant la L. 24 juill. 1867, à l'exception de l'art. 9 relatif à l'établissement du tarif général.

D. 19 juin 1888.

L. N. 1888-2-72. — D. P. 1888-4-47. — S. 1888-390. — P. F. 1888-3. 35.

Modif. l'art. 8 du D. 12 févr. 1870.

L. 29 décembre 1897.

L. N. 1898-3-4. — D. P. 1899-4-55. — S. 1899-529. — P. F. 1899-3-48.

Suppress. des taxes d'octroi sur les boissons hygiéniques.

L. 9 mars 1898.

L. N. 1898-3-49. — D. P. 1899-4-109. — S. 1898-537.

Autorisant, pour les communes, l'applicat. anticipée de ce texte.

L. 29 juin 1899.

L. N. 1899-3-138. — S. 1899-891. — P. F. 1900-3-29.

Prorogeant jusqu'au 31 décembre 1900 les délais fixés pour l'application de ce même texte.

L. fin. 25 février 1901.

L. N. 1901-3-35. — D. P. 1901-4-33. — S. 1901-140. — P. F. 1902-3-33. — G. P. 1901-1-5. — *J. off.* du 26. — V. Commentaire *Lois nouv.* 1901-1-321.

Art. 34 : Circonstances atténuantes en matière de contraventions *communes* aux contrib. indir. et à l'octroi.

L. 28 décembre 1903.

L. N. 1904-3-27. — *J. off.* du 29 déc. 1903.

Autoris. le Gouvernem. à approuver par décrets la prorogat. de surtaxes d'octroi.

L. fin. 30 décembre 1903.

L. N. 1904-3-1. — P. F. 1904-3-17. — *J. off.* du 31 déc. 1903. — V. Commentaire *Lois nouv.* 1904-1-1.

Art. 24 : Procès-verbaux des agents des contribut. indir. et octrois ; foi due ; procédure de la preuve.

L. fin 30 décembre 1903.

L. N. 1904-3-1. — F. 1904-3-17. — *J. off.* du 31 déc. 1903. — V. Commentaire *Lois nouv.* 1904-1-1.

Art. 18 : Interdis. de fixer par réglem. une limite d'âge passé laquelle les titulaires de certains emplois ne peuv. être maintenus en fonction. — Exception : maintien. de la limite d'âge pr. les magistrats de l'ordre judic. et de la Cour des Comptes seulem.

PARIS (Ville de) 6

D. 25 janvier 1904.

L. N. 1904-3-53. — *J. off*. du 29 janvier.
Modif. les art. 14 et 16, D. 23 avril 1897, rel. aux Halles Centrales
de Paris.

L. 31 juillet **1901**.

L. N. 1901-3-237. — D. P. 1902-4-14. — S. 1902-378. — G. P. 1901-2-746. — *J. off.* du 6 septembre 1901. — V. Commentaire *Lois nouv.* 1902-1-377.

Rendant applic. l'art. 463, C. pén. et l'art. 1ᵉʳ, L. 26 mars 1891, aux délits et contraventions en matière de pêches maritimes et de navigation.

L. fin. 30 décembre **1903**.

L. N. 1904-3-1. — P. F. 1904-3-17. — *J. off.* du 31 déc. 1903. — V. Commentaire *Lois nouv.* 1904-1-1.

Art. 4 : Fix. le droit de congé pr. bateaux au-dessous de 30 tonneaux, pontés ou non pontés, affectés à la petite pêche.

V. aussi : Armée, Marine, Forêts.

———

L. fin. 25 février 1901.

L. N. 1901-3-35. — D. P. 1901-4-33. — S. 1901-140. — P. F. 1902-3-33. — G. P. 1901-1-5. — *J. off.* du 26. — V. Commentaire *Lois nouv.* 1901-1-321.

Art. 46, 47 et 48 : Pensions ; armées de terre et de mer.

C. 21 mars 1901.

L. N. 1902-3-177.

Acte de notor. à dresser pr. l'obtention des pensions accordées par l'art. 11, L. 9 juin 1853.

Inst. 6 décembre 1901.

L. N. 1902-3-107.

Certificats de vie aux pensionnaires de l'État résidant à l'étranger et séjournant momentanément en France.

L. fin. 30 mars 1902

L. N. 1902-3-130. — D. P. 1902-4-60. — S. 1902-415. — P. F. 1902-3-70. — *J. off.* du 30 mars. — V. Commentaire *Lois nouv.* 1902-1-229.

Art. 42 : Modif. et complét. les tableaux n°s 2 et 3, L. 9 juin 1853, et 13 avril 1898 (art. 45).

Art. 45 : Modif. et complétant la 2e section du tableau 3 de l'art. 7, L. 9 juin 1853.

Art. 46 et 47 : Dispositions rel. aux instituteurs primaires détachés dans les lycées et à ceux du département de la Seine.

L. fin. 31 mars 1903.

L. N. 1903-3-111. — D. P. 1903-4-17. — S. 1903-570. — P. F.1903-3-52. — *J. off.* du 31 mars. — V. Commentaire *Lois nouv.* 1903-1-163 et 201.

Art. 54 et s. : Série de disposit. applicab. aux pensions (armées de terre et de mer, professeurs de lycées et préparateurs, etc.).

D. 23 août 1903.

L. N. 1903-3-394. — S. 1903-623. — P. F. 1903-3-165. — *J. off.* du 29 août.

Modif. l'art. 21, Ord. 2 juillet 1831, portant règlem. d'admin. pub. pr. l'exécut. de la loi sur les pensions de l'armée de terre.

PENSIONS DE RETRAITE 4

V. aussi : Armée, Marine, Forêts.

———

D. 19 octobre 1903.

P. F. 1903-3-169. — *J. off.* du 22.
Portant modif. à l'ordonn. 26 janvier 1832, sur les pensions de l'armée de mer.

L. fin. 30 décembre 1903.

L. N. 1904-3-1. — P. F. 1904-3-17. — *J. off.* du 31 déc. 1903. — V. Commentaire *Lois nouv.* 1904-1-1.
Art. 18 : Interdis. et abrog. les règlem. sur la limite d'âge pr. les fonctionn., à l'except. des magistr. de l'ordre judic. et de la Cour des Comptes.
Art. 19 : Complétant la nomenclature de la 2° section du tableau n° 3, annexé à l'art. 7, L. 9 juin 1853.

D. 4 décembre 1899.

D. P. 1901-4-82. — *J. off.* du 13.
Concernant la vérific. des poids et mesures (professions et commerces assujettis).

D. 17 février 1900.

D. P. 1901-4-8. — S. 1902-399. — *J. off.* du 21.
Concernant la construction des mesures de capacité.

D. 24 avril 1900.

L. N. 1900-3-178. — S. 1902-399. — P. F. 1900-3-127. — *J. off.* du 29 avril.
Autoris. la fabricat. et l'emploi de nouvelles mesures à lait.

D. 24 janvier 1901.

P. F. 1901-3-74. — *J. off.* du 31.
Créant un tableau d'avancement pour le personnel de la vérific.

C. 24 janvier 1902.

L. N. 1902-3-67. — D. P. 1902-4-45. — P. F. 1902-3-60. — *J. off.* du 9 février.
Du min. comm. — Vérific. des poids et mesures et instruments de pesage achetés dans l'intervalle de deux vérific. périodiq.

L. 11 juillet 1903.

L. N. 1903-3-341. — D. P. 1903-4-73. — P. F. 1903-3-159. — *J. off.* du 31 juillet.
Rel. aux unités fondamentales du système métrique (remplac. l'art. 2, L. 19 frimaire an VIII).

D. 28 juillet 1903.

L. N. 1903-3-342. — P. F. 1903-3-159. — *J. off.* du 31 juillet.
Modif. le tableau des mesures légales (modific. du tableau annexe à la L. 4 juill. 1837).

D. 15 janvier 1904 (2 textes.)

L. N. 1904-3-49 et 51. — *J. off.* du 19 janv.
1º Modif. et complét. div. articles du D. 27 déc. 1884, rel. à la vérificat. des alcoomètres.
2º Modif. div. art. du D. 2 août 1889, rel. à la vérificat. et au poinçonnage des densimètres employés dans les fabriq. de sucre.

D. 23 novembre 1899.

L. N. 1900-3-2. — S. 1901-83. — *J. off.* du 18 décembre.
Modif. celui du 4 janvier 1896 sur la police sanit. marit.

D. 8 mars 1900.

S. 1904-674.
Modif. l'art. 101, D. 22 juin 1882, sur la police sanitaire des animaux.

D. 23 septembre 1900.

P. F. 1900-3-144.
Ports où peuvent pénétrer les navires provenant de pays contaminés.

A. 30 avril 1901.

P. F. 1901-3-95. — *J. off.* du 5 mai.
Du min. agr. — Introd. en France des animaux de l'espèce ovine prov. de Tunisie.

D. 13 décembre 1901.

L. N. 1902-3-7. — *J. off.* du 28.
Revis. le tableau instit par l'art. 16, D. 4 janvier 1896 (police sanitaire maritime).

L. fin. 30 mars 1902.

L. N. 1902-3-130. — D. P. 1902-4-60. — S. 1902-415. — P. F. 1902-3-70. — *J. off.* du 30. — V. Commentaire *Lois nouv.* 1902-1-229.
Art. 82 : Les indemnités prévues par la L. fin. 30 mai 1899 seront allouées au propriétaire de tout animal saisi dans un abattoir public, pour cause de tuberculose, par le vétérinaire inspecteur.

D. 2 décembre 1902.

L. N. 1903-3-7. — S. 1904-674. — P. F. 1903-3-92. — *J. off.* du 21 décembre.
Modif. le D. 22 juin 1882 pr. l'applicat. de la loi sur la police sanitaire des animaux.

Note janvier-février 1903.

L. N. 1903-3-178.
Du min. just. — Police sanitaire des animaux ; désinfection du matériel de transport.

L. fin. 30 décembre 1903.

L. N. 1904-3-1. — P. F. 1904-3-17. — *J. off.* du 31 déc. 1903. — V. Commentaire *Lois nouv.* 1904-1-1.
Art. 26 : Animaux tuberculeux ; saisie ou abatage ; indemnités (extension des).

V. aussi : Caisse d'épargne. — Colis postaux.

——

D. 4 juin 1903.

P. F. 1903-3-101. — *J. off.* du 8 juin.
Appliq. la taxe spéciale de la L. 29 mars 1889 à la correspondance de service expédiée par les inspecteurs et inspectrices du travail.

D. 26 juin 1903.

P. F. 1903-3-102. — *J. off.* du 1er juillet.
Portant suppression des franchises postales accordées aux milit. et marins de la division d'occupation de Chine.

D. 19 septembre 1903.

P. F. 1904-3-16. — *J. off.* du 20 nov. 1903.
Fix. au 1er janv. 1904 la suppress. des onze catégories de bons de postes de sommes fixes et la mise en circulat. d'un type uniq. de bons de poste muni d'un récépissé et remboursab. en cas de perte ou de destruct.

D. 5 octobre 1903.

P. F. 1903-3-168. — *J. off.* du 7.
Portant modif. au D. 16 nov. 1901, concernant les peines disciplin. du personnel des postes et télégr. (conseil de discipline).

D. 11 octobre 1903.

P. F. 1903-3-169. — *J. off.* du 17 octobre.
Mod. l'art. 5, D. 29 octobre 1899, rel. à l'organisat. de l'administrat. centrale des postes et télégr.

D. 22 octobre 1903.

P. F. 1903-3-169. — *J. off.* du 27 octobre.
Rel. à l'échange des mandats de poste entre la France, l'Algérie, et les bureaux franç. à l'étranger et les colonies portugaises.

D. 16 novembre 1903.

P. F. 1904-3-29. — *J. off.* du 19 nov.
Autoris. l'échange des lettres et boîtes de valeur déclarée entre la France, l'Algérie, les col., les bureaux de poste franç. à l'étranger et le Monténégro.

V. aussi : Caisse d'épargne. — Colis postaux.

———

A. 18 novembre 1903.

L. N. 1903-3-436. — P. F. 1904-3-29. — *J. off.* du 20 nov.
Fix. la réglementat. applicab., ds. le régime intérieur, à l'envoi des cartes postales illustrées et autoris. la créat. d'une carte postale illustrée d'un type nouveau.

D. 23 décembre 1901.

L. N. 1902-3-54. — *J. off.* du 21 janvier 1902.
Conservation des explosifs dans les exploitations souterraines.

C. 21 janvier 1902.

L. N. 1902-3-57. — *J. off.* du 21 janvier 1902.
Pour l'applic. du décret ci-dessus.

D. 12 août 1903.

L. N. 1903-3-358. — *J. off.* du 18 août.
Fixant le prix de vente pr. l'exportation de la poudre de chasse pyroxylée T.

D. 9 septembre 1903.

P. F. 1903-3-173. — *J. off.* du 12 sept.
Fix. le prix de vente des explosifs de mines.

D. 16 décembre 1903 (2 textes).

P. F. 1904-3-27 et 31. — *J. off.* du 21 déc.
1° Fix. le prix des poudres à feu destinées à l'exportation.
2° Fix. ce prix pr. les col. et pays de protectorat.

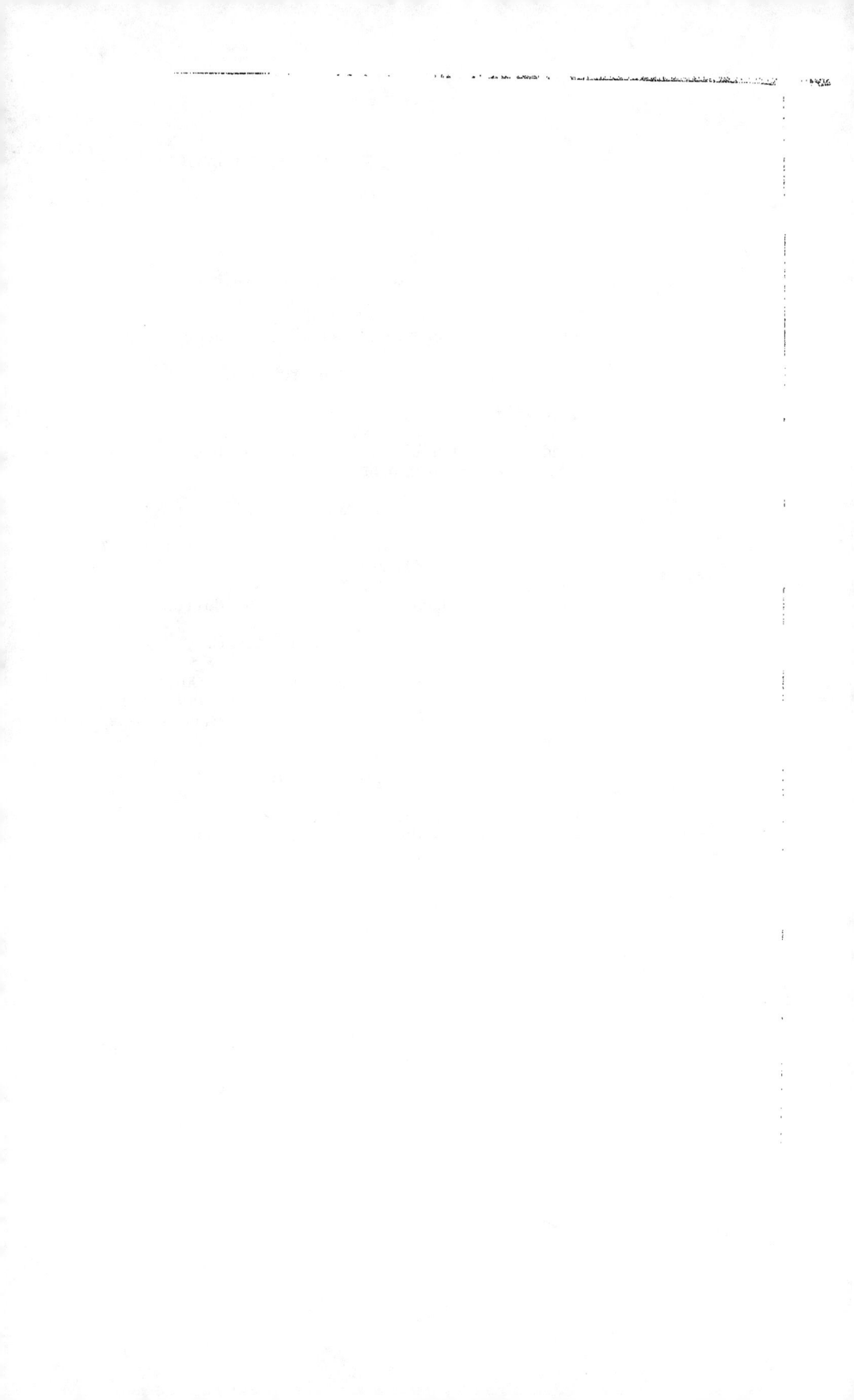

RÉHABILITATION

D. 12 octobre 1888.

L. N. 1888-2-143. — S. 1889-536.
Procédure des demandes de réhabilitation aux colonies.

L. 10 mars 1898.

L. N. 1898-3-49. — D. P. 1898-4-36. — S. 1898-574. — P. F. 1898-3-49. — G. P. 1898-1-2. — V. Commentaire *Lois nouv.* 1898-1-197.
Rendant la réhabilit. applicab. aux condamnés qui ont prescrit contre l'exécution de la peine.

L. 5 août 1899.

L. N. 1899-3-174. — D. P. 1899-4-113. — S. 1900-937. — P. F. 1900-3-33. — G. P. 1899-2-2. — *J. off.* du 7 août 1899. — V. Commentaire *Lois nouv.* 1900-1-89.
Sur le casier judiciaire et la réhabilitation de droit.

L. 11 juillet 1900.

L. N. 1900-3-246. — D. P. 1900-4-60. — S. 1900-1137. — P. F. 1901-3-1. — *J. off.* du 17. — V. Commentaire *Lois nouv.* 1900-1-397.
Modif. la L. 5 août 1899. (Pour l'applicat. de ces lois, v. *suprà*, vº Casier judiciaire).

L. 30 décembre 1903.

L. N. 1904-3-11. — *J. off.* du 31 déc. 1903.
Rel. à la réhabilitation des faillis (modif. les art. 604-612 C. comm.).

D. 4 septembre 1901.

L. N. 1901-3-285. — D. P. 1902-4-16. — *J. off.* du 15.
Conditions auxquelles les sels dénaturés destinés à l'industrie pourront être livrés en franchise des taxes de consommation.

L. fin. 30 mars 1902.

L. N. 1902-3-130. — D. P. 1902-4-60. — S. 1902-415. — P. F. 1902-3-70. — V. Commentaire *Lois nouv.*, 1902-1-229.
Art. 37 : Poids des sacs de sel à présenter à la vérificat. des douanes ou contribut. indir.

L. fin. 31 mars 1903.

L. N. 1903-2-111. — D. P. 1903-4-17. — S. 1903-570. — P. F. 1903-3-52. — *J. off.* du 31 mars. — V. Commentaire *Lois nouv.* 1903-1-163 (L. fin.), et 201 (contrib. indir.).
Art. 11 : Les unités de poids fixées par l'art. 37, L. 30 mars 1902, se détermin. en poids net (excepté pr. l'exportation).

D. 30 décembre 1903.

L. N. 1904- 3-29. — P. F. 1904-3-28. — *J. off.* du 1er janv. 1904.
Portant modificat. au D. 4 sept. 1901 sur les sels destinés à l'industrie.

SOCIÉTÉS

L. fin. 28 avril 1893.

L. N. 1893-3-96. — D. P. 1893-4-79. — S. 1893-620. — P. F. 1893-3-65. — G. P. 1893-1-3. — *J. off*. du 29. — V. Commentaire *Lois nouv*. 1893-1-189.

Art. 36 : La L. 29 juin 1872 est inapplicab. aux emprunts des Sociétés en nom collectif pures et simples (pour l'avenir.)

L. fin. 26 juillet 1893.

L. N. 1893-3-246. — D. P. 1894-4-45. — S. 1894-721. — *J. off*. du 27.

Art. 22 : Il n'y a pas lieu au recouvrem. des sommes pouvant encore être dues sur les intérêts des emprunts contractés par les sociétés en nom collect. pures et simples (pour le passé.)

L. 1er août 1893.

L. N. 1893-3-262. — D. P. 1893-4-68. — S. 1893-569. — P. F. 1895-3-81. — *J. off*. du 3. — V. Commentaire *Lois nouv*. 1896-1-397.

Modif. celle du 24 juillet 1867 sur les sociétés par actions.

L. fin. 28 décembre 1895.

L. N. 1896-3-14. — D. P. 1896-4-39. — S. 1896-68. — P. F. 1896-3-81. — *J. off*. du 29.

Art. 31 : La L. 29 juin 1872 est inapplicab. aux avances faites aux sociétés au moyen d'endossements de warrants.

L. 3 février 1902.

L. N. 1902-3-72. — D. P. 1902-4-81. — P. F. 1902-3-138. — G. P. 1902-1-857. — *J. off*. du 5.

Règlem. les soc. de prévoyance à partage et à durée illimitée.

L. 9 juillet 1902.

L. N. 1902-3-221. — D. P. 1902-4-53. — S. 1903-489. — P. F. 1902-3-177. — G. P. 1902-2-715. — *J. off*. du 11. — V. Commentaire *Lois nouv*. 1903-1-753.

Tendant à compléter l'art. 34, C. comm. et l'art. 3, L. 24 juillet 1867, en ce qui concerne les actions de priorité et les actions d'apport.

L. 16 novembre 1903.

L. N. 1903-3-421. — D. P. 1903-4-80. — P. F. 1904-3-1. — G. P. 1903-2-17. — *J. off*. du 17 novembre. — V. Commentaire *Lois nouv*. 1903-1-753.

Modif. la L. 9 juillet 1902, rel. aux actions de priorité.

___

L. fin. 30 décembre 1903.

L. N. 1904-3-1. — P. F. 1904-3-17. — *J. off.* du 31 déc. 1903. —·V. Commentaire *Lois nouv.* 1904-1-1.

Art. 21 : Except. des disposit. de la L. 29 juin 1872 (impôt sur le revenu) toutes les soc. *de coopération* et leurs associat. formées exclusiv. entre ouvriers ou artisans.

D. 28 novembre 1901.

L. N. 1901-3-333. — P. F. 1902-3-109. — *J. off.* du 3 décembre.
Règlem. d'admin. pub. pr. l'exécut. de la L. 7 juillet 1900.

Inst. 15 décembre 1901.

L. N. 1902-3-109.
Sociétés scolaires de secours mutuels ; états statistiques.

L. 3 février 1902.

L. N. 1902-3-72. — D. P. 1902-4-81. — S. 1903-487. — P. F. 1902-3-138. — G. P. 1902-1-857. — *J. off.* du 5.
Réglementant les soc. de prévoyance (Châtelusiennes) à partage et à durée illimitée.

C. 15 mars 1902.

L. N. 1902-3-249.
Devoirs des parquets de signaler aux autorités administratives les décisions de justice rel. aux sociétés de secours mutuels.

D. 14 avril 1902.

L. N. 1902-3-190. — P. F. 1902-3-192. — *J. off.* du 23.
Modif. l'art. 2, D. 2 mai 1899 et l'art. 8. D. 13 juin 1899, portant règlement d'admin. pub. sur les élections du Conseil supér. des soc. de sec. mutuels.

L. fin. 31 mars 1903.

L. N. 1903-3-111. — D. P. 1903-4-17. — S. 1903-570.— P. F. 1903-3-52. — *J. off.* du 31 mars. — V. Commentaire *Lois nouv.* 1903-1-163. (L. fin.), et 201 (contrib. indir.).
Art. 61 : Soc. de secours mutuels approuvées ou reconnues ; dépôts ; compte courant et fonds commun ; bonification d'intérêts ; inscription d'un crédit au budget.

C. 7 novembre 1903.

L. N. 1904-3-60.
Du min. int. — Soc. de sec. mutuels ; arbitrage en vue de concilier les différends soit entre sociétés et sociétaires, soit entre sociétés.

SUCCESSIONS

L. 24 mars 1898.

L. N. 1898-3-55. — D. P. 1898-4-18. — S. 1898-541. — P. F. 1899-
3-25. — G. P. 1898-1-4. — V. Commentaire *Lois nouv.* 1898-1-273.
Modif. les art. 833, 844 et 919 C. civ. (rapports à succession).

L. 14 février 1900.

L. N. 1900-3-73. — D. P. 1900-4-25. — S. 1900-977. — P. F. 1900-
3-65. — G. P. 1901-1-1 — V. Commentaire *Lois nouv.* 1900-1-228.
Modif. l'art. 1094 C. civ. (quotité disponible entre époux).

L. fin. 25 février 1901.

L. N. 1901-3-35. — D. P. 1901-4-33. — S. 1901-140. — P. F. 1902-
3-33. — G. P. 1901-1-5. — V. Commentaire *Lois nouv.* 1901-1-189.
Art. 18 : Droits d'enregistrement (sans décimes) entre époux.

C. 6 juin 1901.

P. F. 1901-3-140. — *J. off.* du 8.
Du min. marine. — Liquid. des succ. de toutes personn. mortes en
mer à bord des bâtiments franç.

L. fin. 30 décembre 1903.

L. N. 1904-3-1. — P. F. 1904-3-17. — *J. off.* du 31 déc. 1903. — V.
Commentaire *Lois nouv.* 1904-1-1.
Art. 7 : Autoris. l'aliénat. immédiate au profit de l'État, après
l'envoi en possession, de tous biens et valeurs dépendant des successions en deshérence.

SUCRES 5

D. 26 juin 1903.

L. N. 1903-3-211. — S. 1903-562. — P. F. 1903-3-102. — *J. off.* du 2 juillet 1903.

Détermin. les condit. d'applicat. de l'art. 4, L. 28 janvier 1903, rel. au régime des sucres.

D. 14 août 1903.

L. N. 1903-3-358. — S. 1903-624. — P. F. 1903-3-165. — *J. off.* du 18 août.

Rel. aux cautionnem. déposés en garantie des bons créés par l'art. 8, L. 7 avril 1897, pr. les sucres placés en entrepôt et destinés, antérieurem. au 1er sept. 1903, à l'exportation.

D. 21 août 1903.

L. N. 1903-3-390. — S. 1903-610. — P. F. 1903-3-164. — *J. off.* du 26 août.

Règlem. d'admin. pub. en exécut. de l'art. 7, L. 28 janvier 1903, et rel. au sucrage des vendange.

D. 15 janvier 1904.

L. N. 1904-3-54. — *J. off.* du 19 janvier.

Modif. div. art. du D. 2 août 1889, rel. à la vérificat. et au poinçonnage des densimètres employés ds. les fabriq. de sucre.

D. 22 août 1903.

L. N. 1903-3-394. — *J. off*. du 30 août.
Rel. aux communicat. des abonnés au téléphone par les lignes télégraphiq. urbaines ou inter-urbaines, en dehors des heures normales
d'ouverture des bureaux.

D. 22 novembre 1903.
A. 11 janvier 1904.

P. F. 1904-3-24. — *J. off*. du 14 janv. 1904.
1° Fix. le montant de la taxe télégraphiq. à percev. entre l'Europe
et l'Indo-Chine ;
2° Fix. la date d'applicat. des taxes.

L. 31 décembre 1903.

L. N. 1904-3-30. — P. F. 1904-3-30. — *J. off*. du 1ᵉʳ janv. 1904.
Portant approbat. de la Convention conclue à Paris, le 29 juillet
1902, entre la France et la Grande-Bretagne, pr. régler le service téléphoniq. entre les deux pays.

D. 27 février 1904.

L. N. 1904-3-57. — *J. off*. du 2 mars 904.
Fixant le régime administratif des postes côtiers de télégraphie sans
fil.

TRAITÉS DE COMMERCE ET DE NAVIGATION 5

L. 18 juillet 1903 (4 textes).

L. N. 1903-3-337. — *J. off.* du 22 juillet.
Portant approbat. : 1º de la Convention commerciale signée, le 29 janvier 1902, entre la France et la Républiq. du Nicaragua ;

2ª de la Convention commerc. signée le 11 février 1902, entre la
France et la République du Honduras ;

3º de la Convention commerciale rel. à la Jamaïque, signée le 8 août
1902, entre la France et la Grande-Bretagne ;

4º de la Convention commerciale relativ. aux colonies néerlandaises,
signée, le 13 août 1902, entre la France et les Pays-Bas.

D. 19 septembre 1903.

L. N. 1903-3-395. —*J. off.* du 22 septembre.
Portant promulgat. de la Convention commerciale rel. à la Jamaïque, signée, le 8 août 1902, entre la France et la Grande-Bretagne.

D. 2 décembre 1903.

L. N. 1903-3-24. — *J. off.* du 8 déc. 1903.
Portant promulgat.de la Convention commerciale signée à Managua,
le 27 janvier 1902, entre la France et le Nicaragua.

TRAITÉS INTERNATIONAUX 4

(Traités politiques).

D. 28 novembre 1900.

L. N. 1900-3-312. — D. P. 1901-4-84. — S. 1903-515. — *J. off.* du 1ᵉʳ décembre 1900.

Promulg. les actes internat. signés, le 29 juillet 1899, à la Haye (conférence de la Paix).

D. 17 janvier 1902.

L. N. 1902-3-63. — *J. off.* du 25.

Promulg. une convention rectificative de la frontière franco-belge.

L. 27 juin 1902.
D. 29 août 1902.

L. N. 1902-3-260 et 354. — S. 1904-670. — P. F. 1902-3-183. — *J. off.* du 11 juillet et du 6 septembre 1902.

Approuv. et promulg. la conv. signée le 28 mars 1900, entre la France et l'Espagne, pour régler l'exercice de la juridiction dans l'île de la Conférence.

D. 11 mai 1903.

L. N. 1903-3-183. — *J. off.* du 12 mai.

Portant approbat. et publ. du protocole signé à Washington, le 27 février 1903, entre la France et les États-Unis du Venezuela pour le règlement des réclamations contre le Venezuela.

L. 2 décembre 1903.

L. N. 1904-3-24. — P. F. 1904-3-32. — *J. off.* du 6 déc. 1903.

Rel. à l'extension des privilèges et immunités diplomatiq. aux membres d'un tribu. ''arbitrage.

TRIBUNAUX DE COMMERCE

L. 8 décembre 1883.

L. N. 1883-2-113. — D. P. 1884-4-9. — S. 1884-633. — V. Commentaire *Lois nouv.* 1884-1 (1ʳᵉ section), p. 1 à 84.
Élection des membres des Tribun. de commerce.

C. 13 février 1884.

L. N. 1884-3-17. — D. P. 1884-4-11 (note). — S. 1884-637.
Sur l'applic. de ce texte.

L. 18 juillet 1889.

L. N. 1889-3-211. — S. 1890-596. — P. F. 1889-3-49. — G. P. 1889-2-16. — V. Commentaire *Lois nouv.* 1889-1-685.
Modif. l'art. 617 C. com. (Composit. des Trib. de comm.).

L. 23 janvier 1898.

L. N. 1898-3-13. — D. P. 1898-4-14. — S. 1898-540. — P. F. 1899-3-17. — G. P. 1898-1-1.
Conférant l'électorat aux femmes pr. l'élection aux Trib. de comm.

C. 30 novembre 1903.

L. N. 1904-3-58.
Du min. just. — Différends entre les employés de comm. et leurs patrons ; art. 634 C. comm. et L. 25 mai 1838, art. 5 § 3 ; compéten simultanée du trib. comm. et du juge de paix ; jurisprudence de la cour de cassat.

VENTE 2

C. 1ᵉʳ décembre 1903.

L. N. 1904-3-59.
Du min. just. — Ventes judic. d'immeubles dont le prix n'excède pas 2000 francs ; vérificat. des frais ; modificat. apportées au tarif des avoués.

L. fin. 30 décembre 1903.

L. N. 1904-3-1. — P. F. 1904-3-17. — *J. off.* du 31 déc. — V. Commentaire *Lois nouv.* 1904-1-1.
Art. 7, 8.: Autoris. l'aliénat. immédiate, au profit de l'État, après l'envoi en possess., de tous biens et valeurs dépendant de success. en déshérence ; modalités de ces ventes.

L. 31 décembre 1903.

L. N. 1904-3-16. — *J. off.* du 8 janvier 1904.
Rel. à la vente des objets abandonnés chez les ouvriers et industriels.

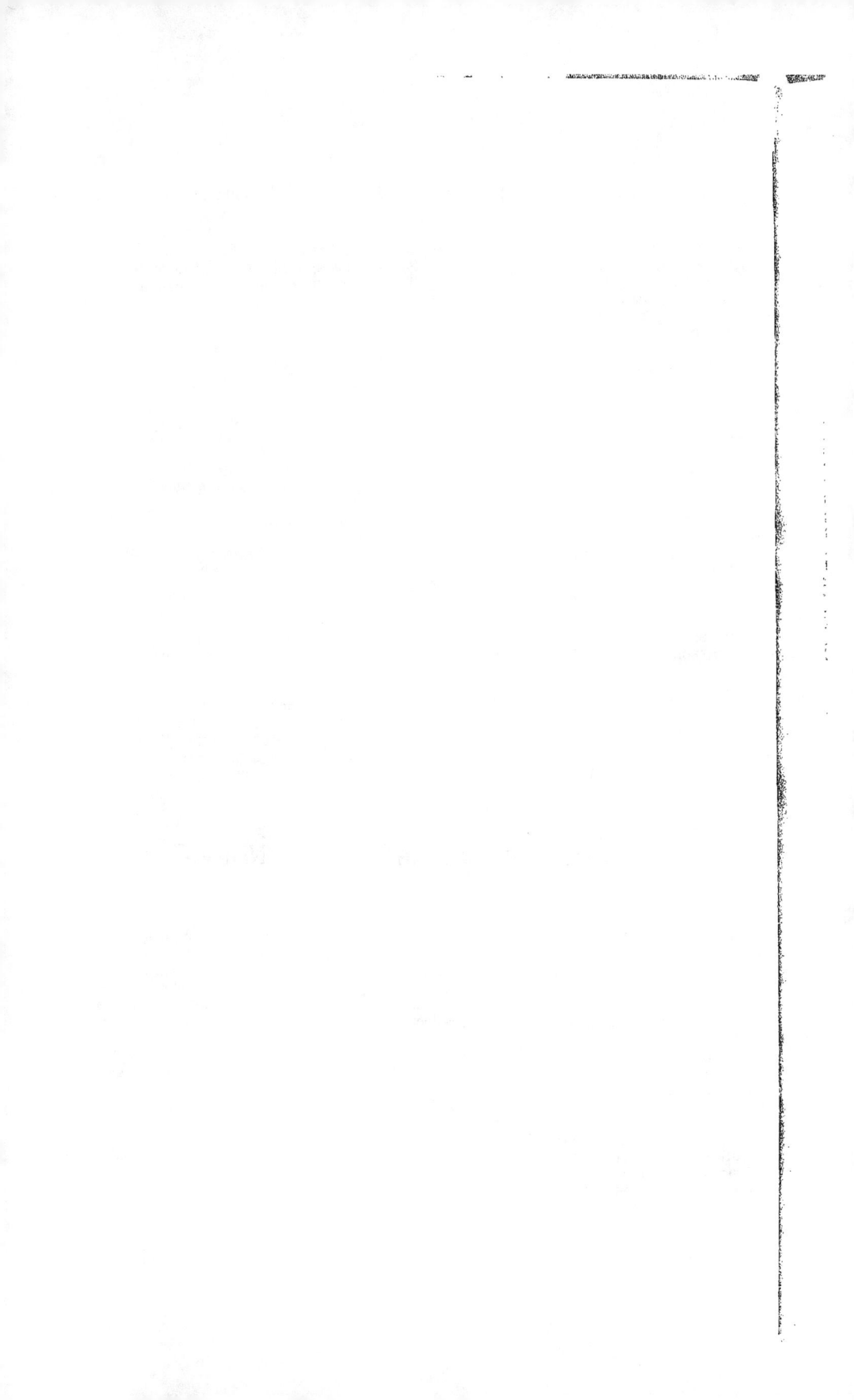

Liste des fiches comprises dans le service d'avril 1904.

En vente aux bureaux des « Lois Nouvelles »

Le Gérant : COLIN.

Liste des principaux commentaires publiés dans les « Lois Nouvelles » au cours des dernières années.

1899

Commentaire de la loi du 26 juin 1898, sur la police administrative, par M. GEORGES GRACE, député.

Commentaire de la loi du 18 juillet 1898, sur les warrants agricoles, par M. V. EMION, juge de paix à Paris.

Commentaire de la loi du 9 avril 1898, sur les accidents du travail, par M. J. CABOUAT, professeur à la Faculté de Droit de Caen.

1900

Commentaire de la loi du 5 août 1899, sur le casier judiciaire, par M. A. MAULMOND, avocat général à la Cour de Bourges.

Commentaire des lois relatives au Travail industriel, par M. MESNARD, conseiller à la Cour d'Amiens.

Commentaire de la convention franco-belge, sur la compétence judiciaire, etc., par M. C. RENARD, docteur en droit.

1901

Commentaire de la loi du 25 février 1901, relative au régime fiscal des successions, par M. C. VIGIÉ, doyen de la Faculté de Droit de Montpellier.

Commentaire de la loi du 30 décembre 1900, sur les conditions du travail, etc., par M. E. MESNARD, conseiller à la Cour d'Amiens.

Commentaire de la loi du 18 juillet 1901, garantissant leur travail aux réservistes, par MM. ODILON-BARROT, député, et G. BONNEFOY, avocat à la Cour de Paris.

1902

Commentaire de la loi du 1er juillet 1901, sur le contrat d'association, par MM. G. TROUILLOT, député et F. CHAPSAL, maître des requêtes au Conseil d'État.

Commentaire de la loi du 10 juillet 1901, sur l'assistance judiciaire, par M. J. PACTON, substitut du procureur de la République près le tribunal civil de la Seine.

Commentaire de la loi du 7 avril 1902, sur les brevets d'invention, par M. A. LABORDE, professeur à la Faculté de Droit de Montpellier.

Commentaire de la loi du 12 août 1902, sur le notariat, par M. J. CHANSON, conseiller à la Cour de Toulouse.

Commentaire de la loi du 8 février 1902, sur les titres au porteur, par M. P. MAGNIN, avocat à la Cour de Grenoble.

1903

Le Régime des congrégations. — Commentaire de la loi du 4 décembre 1902 et étude de jurisprudence relative à la loi du 1er juillet 1901, par M. H. CHEVRESSON, secrétaire de la rédaction de *Lois Nouvelles*.

Les accidents du travail. — Commentaire de la loi du 22 mars 1902, par M. J. CABOUAT, professeur à la Faculté de Droit de Caen.

Les Bouilleurs de cru. — Commentaire de la loi du budget de 1903, par M. E. SCHAEFFHAUSER.

La Traite des Blanches. — Commentaire de la loi du 9 avril 1903, par M. MATTER, substitut du Procureur de la République près le tribunal civil de la Seine.

La Santé publique. — Commentaire de la loi du 15 février 1902, par M. POPINEAU, procureur de la République à Romorantin.

Mayenne, Imprimerie Ch. COLIN.

www.ingramcontent.com/pod-product-compliance
Lightning Source LLC
Chambersburg PA
CBHW070539200326

41519CB00013B/3080